Perspektiven der Psychologie

Die Autoren

Walter Bungard

Gabriele E. Dlugosch

Peter Fiedler

Dieter Frey

Reinhold S. Jäger

Winfried Krieger

Klaus D. Kubinger

Ernst-Dieter Lantermann

Volker Linneweber

Rainer Schandry

Wolfgang Schönpflug

Rainer K. Silbereisen

Franz E. Weinert

Hans-Ulrich Wittchen

PERSPEKTIVEN DER PSYCHOLOGIE

EINE STANDORTBESTIMMUNG

BELTZ
PsychologieVerlagsUnion

Anschriften der Autoren
finden Sie ab Seite 219

Lektorat, Redaktion, Koordination:
Das PVU-Team
(Jutta Benedum, Katja van den Brink, Michaela Frommherz,
Karin Ohms, Gerhard Tinger)

Umschlaggestaltung: Dieter Vollendorf, München
Cartoons: Hans Biedermann, Eberbach/Neckar
Reinhold S. Jäger, Landau
Herstellung: Jutta Benedum, Weinheim
Druck und Bindung: Druckhaus Beltz, Hemsbach

ISBN 3-621-27355-7

Inhalt

Ein Wort zuvor

Im Jahr 1996 ist die PSYCHOLOGIE VERLAGS UNION zehn Jahre alt geworden. Aus der Sicht eines der Grundpfeiler unserer Fachdisziplin, der Entwicklungspsychologie, mag dies wohl erst ein Alter sein, in dem man gerade den Kinderschuhen entwachsen ist, die Pubertät, die Adoleszenz, das Erwachsenen- und das – hoffentlich – weise Alter noch vor sich hat. Dennoch: Die grundlegende Prägung ist erfolgt und die wichtigsten Schritte für die Sozialisation in der Gemeinschaft sind getan. Und Anlaß zur Rückschau ist es allemal, denn immerhin ist es uns vergönnt, zehn Jahre deutschsprachige Psychologie-Geschichte wenn auch nicht unbedingt mitgestaltet, so doch aber geschrieben zu haben. Dies war der Anlaß für dieses Buch, das aber auch eine Art Vorschau sein soll.

Es soll der Besinnung über unser Fachgebiet, die Wissenschaft Psychologie und unser aller Tätigkeit in Forschung und Praxis, in Lehre und Studium dienen. Und natürlich auch der Information. Angesichts des auch in unserer Fachdisziplin ständig anwachsenden Wissensstandes und der dadurch bedingten, immer häufiger zu beobachtenden zunehmenden Spezialisierung einzelner Bereiche möchte es eine Hilfe sein, den Überblick über das Ganze zu wahren. Und dies ist bekanntlich wesentlich mehr als die Summe seiner Teile.

Das Buch soll einen Überblick über die grundlegenden Fächer der Psychologie, über ihre bisherige Entwicklung, ihren augenblicklichen Status und die mögliche, wahrscheinliche, befürchtete oder wünschenswerte weitere Entwicklung geben. Vielleicht gar ein Versuch sein, die immer wieder gestellte Frage "Quo vadis – Psychologie?" aus der momentanen Situation und subjektiven Sichtweise der Autoren heraus zu beantworten.

Es war nicht die Absicht, einen "review of the state of the art" zu schaffen. Die Autoren wurden explizit gebeten, ihre ganz subjektive Meinung und Einschätzung des ihnen vertrauten Fachgebiets darzulegen und auf ein peer review wurde bewußt verzichtet.

Es ist so eine Art wissenschaftliches Lesebuch entstanden. Eine Mischung – um nicht zu sagen *Komposition* – nüchterner Zahlen, sachlicher Beschreibung, philosophischer Betrachtung, metatheoretischer Überlegungen und höchst subjektiver Stellungnahmen. Eine hoffentlich wichtige Informationsquelle und vielleicht auch Stein des Anstoßes für die Äußerung so mancher gegensätzlicher Meinung und Position. Dies wäre durchaus wünschenswert, denn nur durch die Diskussion läßt sich Wissenschaft weiterentwickeln. Und das ist es doch, was wir alle möchten.

Lassen Sie es uns also angehen und haben Sie viel Freude bei der Lektüre.

Ihr PVU-Team

Allgemeine Psychologie

Wolfgang Schönpflug

Das Allgemeine – Ziel guter Wissenschaft

„Was ist das?" – soll die Sphinx den Ödipus gefragt haben. „Am Morgen geht es auf vier Beinen, zu Mittag auf zweien, am Abend auf dreien." Die erwartete Antwort war: „Der Mensch." Die Sphinx hätte auch fragen können: „Was ist das? Im Norden ist es weiß, im Süden schwarz, im Osten gelb." Auf diese Frage hätte ebenfalls die Antwort gepaßt: „Der Mensch". In beiden Fällen wäre der Begriff „Mensch" gekennzeichnet gewesen durch eine beobachtbare Variation der Erscheinung. Doch welchen Wert hat eine solche Bestimmung? Daß Menschen in ihrem Lebenslauf unterschiedliche Gangarten pflegen und in unterschiedlichen Regionen unterschiedliche Hautfarben annehmen, mag bedeuten: Gangart und Hautfarbe sind, da veränderlich, keine guten Merkmale zur Bestimmung des Menschen. Gute Merkmale sind vielmehr solche, die unverändert bleiben – über Altersstufen, Wohnorte u. ä. hinweg. Erst mit Hilfe fester Merkmale lasse sich bestimmen, was der Mensch wirklich, wesentlich, eigentlich sei.

Merkmale, die einem Gegenstand unverändert anhaften, nennt man allgemein. Und durch die Wissenschaftsgeschichte zieht sich die Forderung, Theorie müsse nach Allgemeinheit streben. Die Forderung entsteht schon früh in der Antike auf dem Hintergrund der idealistischen Philosophie, und sie erneuert sich mit besonderem Nachdruck im Idealismus des 19. Jahrhunderts. Die Begründung des Allgemeinheitspostulats: Vielfalt kennzeichne die Erscheinungen der Erfahrung; in ihrer Vielfalt trügen alle beobachteten Erscheinungen Merkmale der Besonderheit. Doch hinter der Vielfalt besonderer Erscheinungen liege eine Idee oder eine Substanz, welche das den Gegenständen Gemeinsame umfasse. Dieses Gemeinsame stelle zugleich ihre Einheitlichkeit und ihre Ganzheit dar. Ein häufig benutztes Beispiel ist der Kreis. Kreisformen findet man in Natur und Kunst; sie variieren in ihrer Erscheinung (z.B. ihrer Farbe) und ihrer Vollkommenheit (z.B. ihrer Symmetrie). Die reine, d.h. allgemein gültige, von allen Besonderheiten befreite Kreisform ist nicht beobachtbar, jedoch in den geometrischen Kreisfunktionen begreifbar. Insofern rechtfertigt sich die Forderung, über die Besonderheiten des Beobachtbaren hinauszustreben und das Allgemeine der Dinge zu begreifen. (Eine ausführliche Darstellung der Geschichte der Begriffe „Allgemeines/Besonderes" geben Axelos, Flasch, Schepers, Kuhlen, Romberg & Zimmermann, 1971.)

Jenes Allgemeine, das Gegenstände in ihrer Einheitlichkeit und Ganzheit umfaßt, ist zu ihrer ursprünglichsten und wichtigsten Existenzform erklärt worden. Aus idealistischer Sicht ist nur das Allgemeine wirklich; es bildet das Wesen, das eigentliche Sein der Dinge. Dieser Anspruch schlägt sich unmittelbar in der Wissenschaftskonzeption nieder. Wissenschaft ist nur gut, wenn sie die Erfahrung des Besonderen überschreitet und zu der Erkenntnis des Allgemeinen, Wesentlichen, Eigentlichen vordringt. Die Analogie zur monotheistischen Metaphysik, die das Denken des Abendlandes beherrscht, ist unverkennbar. Das Allgemeine der Erkenntnis entspricht dem Einen der Religionslehre; wie der Eine ist das Allgemeine immerwährende Wahrheit. Durch Zuwendung zum Allgemeinen gewinnt Wissenschaft die mythische Qualität des Erhabenen.

Disziplinen wetteiferten um die Anerkennung als „eigentliche Wissenschaft" im Sinne Kants (1786/1973). Sie taten es, indem sie versuchten, ihre Gegenstände als Gattungen zu abstrahieren und Beziehungen zwischen ihnen als rational faßbare, vor allem mathematisch formulierbare Gesetze darzustellen. Als im 19. Jahrhundert die Hochschulen expandierten, konnte etwa die Physik diesem Anspruch genügen, die Biologie weniger. Ob die Psychologie zu allgemeinen Begriffen und Gesetzmäßigkeiten vorgestoßen sei und ob sie je dazu imstande sein würde, war zu jener Zeit ein kontroverses Thema (vgl. Windelband, 1876).

Das Allgemeine in der Psychologie: Generelle und spezielle Psychologie

Indem sich die Psychologie an der Untersuchung der Fragen „Was ist der Mensch eigentlich?" und „Was ist das Wesen des Menschen?" beteiligt hat, ist sie zur Allgemeinen Psychologie geworden. Im Kreis der Wissenschaften vom Menschen übernimmt sie als ihre eigenen Untersuchungsgegenstände den menschlichen Geist und das menschliche Verhalten. Sie widmet sich mentalen und verhaltensrelevanten Zuständen, Prozessen und Lei-

stungen, die dem Menschen seiner Gattung nach zukommen (z.B. Gefühlszustände, Denkprozesse, Gedächtnisleistungen) sowie den Zusammenhängen solcher Zustände, Prozesse und Leistungen mit äußeren und inneren Bedingungen (z.B. die Abhängigkeit der Sinnesempfindungen von der Stärke äußerer Reizung, die Abhängigkeit der Gefühle von Gedanken). Ihren Anspruch auf Wissenschaftlichkeit begründet die Psychologie nicht zuletzt mit abstrakten Modellen von Systemen (z.B. dem Regelkreismodell des Handelns) und Zusammenhangsfunktionen von Variablen (z.B. Lernkurven, welche das Wachsen der Leistung in Abhängigkeit von der Dauer der Übung zeigen). Allgemeingültigkeit sollen psychologische Modelle und Funktionen insbesondere durch mathematische Darstellung gewinnen. Denn die Methoden der Mathematik versprechen – wie oben erwähnt – eine Abstraktion zugrundeliegender Gesetzmäßigkeiten aus einer Fülle variierender Beobachtungen.

Das Allgemeinheitsprinzip muß sich in der Psychologie freilich gegenüber dem Individualitätsprinzip behaupten. Individualität umfaßt zum einen die interindividuelle Variation, die „unendliche ... Mannigfaltigkeit, in der sich seelisches Sein und Leben bei verschiedenen Individuen, Völkern, Ständen, Geschlechtern usw. darstellt" (Stern, 1900, S. 2), zum anderen die intraindividuelle Variation – vor allem die Variation über die Lebensspanne. Koffka (1921) argumentierte, die psychischen Unterschiede zwischen Lebensphasen seien so grundlegend, daß man aus psychologischer Sicht den Menschen nicht als einheitliches Gattungswesen behandeln könne.

Trotz dieser Einsprüche hält die Allgemeine Psychologie an der Konzeption eines universellen Menschenwesens fest. Was die Unterschiede in den Entwicklungsstufen anbelangt, konzentriert sich die allgemeinpsychologische Forschung auf Erwachsene; dies entspricht dem Prinzip, daß Funktionen erst nach vollständiger Entwicklung für eine Gattung kennzeichnend sind. Die Folge ist ein Nebeneinander von allgemeinen und differentiellen Ansätzen in der Psychologie. Diese hat sich seit dem 18. Jahrhundert institutionalisiert. Seit dieser Zeit ist die Trennung in eine Allgemeine Seelenlehre (*psychologia generalis*) und eine Besondere Seelenlehre (*psychologia specialis*) nachweisbar; erstere behandelt „diejenigen Merkmahle und Naturgesetze des menschlichen Geistes..., die allen Individuen des Menschengeschlechts immer und ohne Ausnahme zukommen“ (Schmid, 1796, S. 26).

Zum gegenwärtigen Stand

Die Psychologie hat während dieses Jahrhunderts in Europa und den Vereinigten Staaten eine Phase beträchtlichen Wachstums durchlaufen. Die Allgemeine Psychologie hat mit ihren Leistungen in Forschung und Lehre zum Wachstum erheblich beigetragen. Gerade ihre Allgemeinorientierung hat der Psychologie im interdisziplinären und hochschulpolitischen Wettbewerb Vorteile verschafft. Es ist ihr gelungen, gegenüber anderen Wissenschaften eine Vorrangstellung in der Erforschung zahlreicher menschlicher Erscheinungen zu erreichen (z.B. ging das Monopol in der Lernforschung weitgehend von der Pädagogik auf die Psychologie über). Vielleicht ist der Psychologie insgesamt auch die Aura zugute gekommen, welche die Allgemeinpsychologie durch ihr Bekenntnis zu den mythologischen Kategorien der Einheit und Universalität (s.o.) umgibt. Ebenfalls zu bedenken ist, ob Vertreter der Psychologie diese Aura nicht zum

Aufbau einer akademischen Machtposition benutzt haben (vgl. von Mayrhauser, 1993).

Gegenüber den anderen psychologischen Fächern hat die Allgemeine Psychologie ihre traditionell starke Stellung in Forschung und Ausbildung behauptet. Eine Reihe einflußreicher und angesehener Zeitschriften sind ganz oder vorwiegend der Allgemeinen Psychologie gewidmet. Als einziges Fach ist die Allgemeine Psychologie im Grundstudium deutscher Universitäten doppelt vertreten; dies wird mit der großen Menge allgemeinpsychologischer Themen begründet. Die Trennung zweier allgemeinpsychologischer Fächer erfolgt in der Regel nach den Gebieten „Kognition“ und „Motivation, Emotion, Handlung“. Sie vollzog sich an den meisten Ausbildungsstätten, in kurzer Frist und ungewöhnlich einvernehmlich. Offensichtlich lag zwischen den Gebieten der Kognition und der Motivation eine Soll-Bruchstelle. Ein reizvolles Thema ist die Geschichte des Nebeneinanders der beiden Gebiete. Zu der Geschichte gehört ebenso die Beteuerung guter Vorsätze zur Integration von Kognition und Motivation wie die Begründung ihrer prinzipiellen Unterschiedlichkeit (vgl. neuerdings Kintsch, 1996).

Tatsächlich ist die Allgemeine Psychologie reich an Forschungsprogrammen und besetzt damit zahlreiche Problemgebiete. Lehrbuchautorinnen und -autoren (z.B. Schönpflug & Schönpflug, 1995) haben ihre Mühe, die Breite und Vielfalt des Faches übersichtlich darzustellen und mit Fortschritten der Forschung sowie mit Wandlungen der Ansichten Schritt zu halten. Traditionelles wird – selbstverständlich mit theoretischen und methodischen Abwandlungen und Verbesserungen – fortgeführt (z.B. die Psychophysik, d.h. die Theorie von der Entstehung von Empfindungen und Urteilen aus der physikalischen Sinnesreizung). Zwischenzeitlich zurückgestellte Programme werden energisch wieder in Angriff genommen (z.B. die Emotionsforschung). Neue Probleme werden aufgeworfen (z.B. die Fähigkeit der Menschen zum Wahrscheinlichkeitskalkül). Und ursprünglich verworfene Fragen werden neu gestellt und erweisen sich als ungemein fruchtbar (z.B. das Paradigma des impliziten Lernens und Verhaltens als experimentell faßbare Version des Paradigmas vom menschlichen Unbewußten).

Fußte zu Beginn allgemeinpsychologische Forschung weitgehend auf den Methoden der Selbsterfahrung und des Selbstversuchs, so hat sie sich inzwischen überwiegend auf Fremdbeobachtungen mit Bedingungsvariation umgestellt. Der geworbene Versuchsteilnehmer (der nach den neuen Regeln des politisch korrekten Sprachgebrauchs nicht mehr „Versuchsperson" oder „die Vp" genannt werden soll) hat den Forscher (und seine vertrautesten Kollegen) als Quelle von Erfahrung abgelöst (vgl. Danziger, 1990). Allgemeine Psychologie wird nicht selten mit Experimenteller Psychologie gleichgesetzt. Sie profitiert von der Stärke experimenteller Methoden, setzt sich aber auch dem Vorwurf aus, Fragestellungen zu vernachlässigen, die sich nicht den Erfordernissen der kontrollierten Bedingungsvariation und Beobachtung fügen. Freilich hat die Methodenkritik gegenwärtig wenig Konsequenzen. Qualitative Forschung, die den Weg zur Selbsterfahrung zurückgeht und die gegenwärtig vorherrschende rigide Methodik liberalisiert, hat in der neueren Allgemeinen Psychologie bisher keine durchschlagenden Erfolge zu erzielen vermocht.

In einem sich immer mehr ausweitenden Forschungsfeld alle Programme zu beherrschen, ja auch nur zu verfolgen, ist schwierig, ja unmöglich. Überdies wird die Systematik des Feldes immer unklarer. Die Frage stellt sich, ob die vielen Projekte, deren Urheber Allgemeine Psychologie vertreten, überhaupt erhebliche methodische oder inhaltliche Gemeinsamkeiten aufweisen. Was haben etwa die Methoden der Signalentdeckung und der Propositionenanalyse gemeinsam? Was verbindet die Themen der Adaptationsniveaubildung und der Kausalattribuierung? Es ist wohl schon so: Viele vertreten nach den Kategorien der Diplomprüfungsordnung das Fach Allgemeine Psychologie, doch haben sie für sich und die Kollegen, mit denen sie über Forschung kommunizieren (z.B. Schriften austauschen und Symposien veranstalten) bereits eine engere Identität gefunden. Sie fühlen sich als Angehörige von Spezialgebieten (z.B. als Emotions-, Sprach- oder Gedächtnispsychologen). Hat die Allgemeine Psychologie ihre eigene Einheit verloren?

Die Vielfalt methodisch fortgeschrittener und erfolgreicher Programme innerhalb der Allgemeinen Psychologie erschwert Aussagen über deren Gemeinsamkeit. Der stolze Anspruch, an Wissenschaft im eigentlichen Sinne teilzuhaben, ist mit der Metaphysik, in welcher sie ihren Ursprung hat (s.o.), abhanden gekommen. Überhaupt setzt die gegenwärtige hochschulpolitische Auseinandersetzung nur zögerlich auf die Dignität wissenschaftlicher Erkenntnis. Sie richtet sich lieber nach Kriterien sozialer Bedeutsamkeit, und mit diesen Kriterien haben allgemeinpsychologische Projekte oft ihre Not. Ein Ausweg aus der Bedrängnis ist die Behauptung, Allgemeine Psychologie als Universaltheorie diene als Fundament jed-

weder speziellen und angewandten psychologischen Theorie. Spezielle Psychologien (wie Entwicklungs- und Sozialpsychologie) würden die Bestände der Allgemeinpsychologie aufgreifen und nach ihren jeweiligen Aspekten (z.B. Entwicklungsphasen, Sozietäten) modifizieren. Praktische Fächer (wie Arbeitspsychologie) würden aus allgemeinpsychologischen Erkenntnissen nützliche Techniken ableiten (z.B. gut erkennbare Displays in Cockpits aufgrund wahrnehmungspsychologischer Befunde). Tatsächlich geschieht das selten und selten ausdrücklich. Im Gegenteil: Die Spezialfächer tendieren dazu, ihren Grundlagenanteil selbst zu bestreiten (vgl. Strack, 1988). Die Praktischen Psychologien kommen wahrscheinlich ohne Grundlagenanteil aus; sie optimieren ihre Techniken nach Kriterien der Bewährung (Schönpflug, 1991).

Allgemeine Psychologie ist also gegenwärtig ein florierendes, methodisch fortgeschrittenes Forschungsgebiet. Zum wissenschaftlichen Renommee der Psychologie als Ganzes leistet sie einen stattlichen Beitrag. Aber als Zentraldisziplin der Psychologie, als ihre Seele, gilt sie nicht oder nicht mehr. Ob es das je gegeben hat? Eine systematisch in Fächer geordnete Psychologie mit der Allgemeinen Psychologie in der Mitte oder als Fundament. Möglicherweise ist das lediglich eine Fiktion (vgl. Graumann, 1993). Aber es war eine Zielvorstellung, die für den Aufbau sowohl der Allgemeinen Psychologie wie für die Psychologie insgesamt nützlich war. Droht Schaden, wenn die Fiktion sich auflöst und das vorgestellte Ziel in immer weitere Ferne rückt?

Wie wird, wie soll es weitergehen mit der Allgemeinen Psychologie?

Es ist für die Forschungsprogramme der Psychologie charakteristisch, daß sie den Eindruck des Fortschreitens vermitteln, jedoch die Länge des zurückzulegenden Weges nicht einschätzen lassen. So ist schwer abzuschätzen, wieviel Wißbares Psychologie bereits in Erfahrung gebracht hat und wieviel aus ihrem Wissensgebiet noch der Entdeckung harrt. Dies gilt auch für die Allgemeine Psychologie. Ist ihr Forschungsprogramm überhaupt endlich? Besteht es aus einer begrenzten Menge an Fragestellungen, die in absehbarer Zeit ihre Klärung finden können? Hat zum Beispiel die gegenwärtige Gedächtnispsychologie bereits eine vollständige Liste von Gedächtnisproblemen aufgestellt, und kann sie sich in Zukunft in der Lösung dieser Probleme erschöpfen? Oder steht der Allgemeinen Psychologie, indem sie in der Erkenntnis fortschreitet, eine Kaskade neuer Probleme bevor? Wird etwa die Gedächtnispsychologie, wenn sie einmal die gegenwärtig drängenden Probleme der Wissensrepräsentation gelöst hat, im Zuge der Lösung neue, gegenwärtig ungeahnte Probleme zutage fördern? Die Art und Menge zukünftiger Forschungsthemen läßt sich somit nicht vorhersagen. Doch angesichts einer Unzahl noch unbeantwortbarer Fachfragen ist die Folgerung unbestreitbar: Der allgemeinpsychologischen Forschung werden noch lange Zeit die Themen nicht ausgehen.

Ihren alten Anspruch, universelle Kenntnisse über den Menschen zu sichern, kann Allgemeine Psychologie heute nicht mehr metaphysisch begründen (s.o.). In Zukunft wird es ihr vielleicht gelingen, die Universalität ihrer Aussagen durch Forschungsergebnisse unmittelbar zu belegen. Sie wird dann selbst mit ihrer Empirie und ihrer Theorie dafür einstehen müssen, daß die von ihr analysierten Wahrnehmungs-, Gedächtnis-, Denkprozesse u.ä. für die Gattung des Menschen universell und konstitutiv sind. Wird dann die Vision vom Wirken weniger, mächtiger, funktionsübergreifender psychischer Prinzipien zur fundierten Erkenntnis werden? Falls ja, werden die zukünftig als fundamental anerkannten Prinzipien sich mit bereits bekannten (z.B. dem Gestaltprinzip, Lerngesetzen) decken oder werden es ganz neuartige, noch nicht erdachte Prinzipien sein? Möglich, daß universelle, für alle psychischen Funktionsbereiche gültige Prinzipien nicht nachweisbar sein werden. Dann sind universelle Aussagen für jeden einzelnen Funktionsbereich gesondert zu ergründen. Übergreifende Prinzipien würden dem Einheitsdenken in der Allgemeinen Psychologie Auftrieb verleihen; sonst dürfte sich die schon jetzt zu beobachtende Tendenz der Spezialisierung innerhalb der Allgemeinen Psychologie verstärken. Noch mehr als heute (s.o.) würde der allgemeinpsychologische Forscher, die Forscherin eine Identität als Wahrnehmungs-, Motivations-, Sprachpsychologe/psychologin u. ä. annehmen. Allgemeine Psychologie bliebe dann allenfalls ein historisch begründbares Sammelprogramm.

Mit großen Erwartungen blickt man methodischen Neuerungen in der Mikroelektronik und -mechanik entgegen. Sie haben in den vergangenen Jahren die Möglichkeiten der Untersuchung nervöser Strukturen und Prozesse beachtlich erweitert. Bald könnte es gelingen, neuronale Abläufe als Grundlagen differenzierterer psychischer Funktionen der unmittelbaren Beobachtung zugänglich zu machen. Ohne Zweifel wird dann ein Großteil der allgemeinpsychologischen Forschung sich den Prozessen in neuronalen Strukturen zuwenden. Dieser Übergang wird möglicherweise zu jenem Stadium führen, in welchem nicht nur bisher unzureichend geklärte Fragen eine Klärung finden, sondern neue Probleme konzipiert werden (s.o.). Falls dies geschieht, wird man festzustellen haben, wie weit eine funktionell oder phänomenologisch orientierte allgemeinpsychologische Forschung, welche sich nicht zugleich neurobiologisch betätigt, sich noch als produktiv erweist.

Auf Veränderungen ist die Allgemeine Psychologie angewiesen, wenn sie wirklich zur Grundlage von Praxis werden will. Auf praktische Umsetzungen allgemeinpsychologischer Theorien hat man ja bisher meist vergeblich gewartet. Vielmehr waren die Erfolge allgemeinpsychologischer Forschung der psychologischen Praxis bisher mehr von strategischem Nutzen (Schönpflug, 1991). Dies dürfte sich ändern, wenn allgemeinpsychologische Theorien qualitative Fortschritte machen. Insbesondere könnte eine Wendung zur Neurobiologie der Allgemeinpsychologie die lange vermißte Relevanz für die Praxis verschaffen. Die Phantasie kann bereits jetzt weit schweifen. Zum Beispiel könnte die Entschlüsselung von natürlichen Sprachsystemen im Gehirn der Zuschaltung von künstlichen Sprachsystemen den Weg bereiten. Durch Einschieben von elektronischen „Sprachkarten" ins Gehirn ließen sich dann einerseits Sprachstörungen kompensieren, andererseits neue Sprachfertigkeiten – wie Fremdsprachen – erwerben. Ein anderes Beispiel: Sind Kode und Ort der bildlichen Phantasie bekannt, könnten über Meßfühler innere Vorstellungsbilder nach außen übertragen und in geeigneten Medien sichtbar gemacht werden; ein „Film im Kopf" könnte als Film auf einem Monitor erscheinen.

Es könnte sein, daß Allgemeine Psychologie durch Aneignung der Neurobiologie zu ihrer Vollendung gelangt. Doch ebenso ist denkbar: Allgemeine Psychologie geht in einer sich neu entwickelnden Neuropsychologie auf; sie verliert ihre bisherige Identität. Neuropsychologen besitzen dann eine eigene Spezialisierung und Expertise. Sie verlassen den Verbund der Psychologen und vereinen sich mit Informatikern und Physiologen zu einem neuen

Wissenschafts- und Berufsfeld, der Kognitions- und Verhaltenstechnologie. Dies könnte die stärkste unter den bereits jetzt absehbaren Tendenzen zur Diversifikation und zum Aufbrechen des Faches Psychologie sein.

Ein solches Aufbrechen des Faches könnte zur Aufgabe des Einheitsdiploms für Psychologie führen sowie zu einer Spaltung des Psychologiestudiums. Konventionelle Lehren der Allgemeinen Psychologie haben den Vorzug der Nähe zur Alltagserfahrung. Die Grundzüge des Lernens, die Grundstruktur von Emotionen u.ä., wie sie gegenwärtig im Grundstudium sowie in der Nebenfachausbildung behandelt werden, dürften unverzichtbarer Lehrstoff der Propädeutik bleiben. Erhebliche Fortschritte ihrer Forschung und zunehmende Abweichungen ihrer Fragestellungen von der Alltagsthematik kann die Psychologie allerdings in ein Dilemma bringen, das fortgeschrittene Naturwissenschaften jetzt schon belastet: Lehre, welche dem aktuellen Stand der Forschung gerecht werden will, überfordert zunehmend viele Studieninteressenten. Lehre, die Überforderungen im Studium zu meiden trachtet, entfernt sich von dem aktuellen Stand der Forschung. Ein naheliegender Weg aus dem Dilemma wäre eine Teilung von Ausbildungsangeboten in erfahrungsnahe Propädeutika und wissenschaftlich avancierte Studien. Damit wäre Allgemeine Psychologie nicht mehr eine obligatorische Eingangsstufe in psychologischen Ausbildungsprogrammen, und sofern sie das bleiben sollte, wäre sie dies nicht mehr mit ihren wissenschaftlich fortgeschrittenen Theorien.

Fazit: Ein möglicher Übergang in eine neue Epoche

Allenthalben hört man vom Ende der Einheitlichkeit und des (als einheitlich konzipierten) Menschen. Vorausgesagt wird Vielfalt und Individualität. Dies ist die These vom Einmünden der Moderne in die Epoche der Postmoderne. Im multidisziplinären Chor, der die Postmoderne einsingt, sind Stimmen aus der Psychologie (vgl. Kvale, 1992) kaum vernehmbar. Doch scheint gerade die Psychologie ein Feld zu sein, in welchem sich das Mit-, Neben- und Gegeneinander von Einheit und Vielfalt besonders augenfällig zeigt. Mit Einheitskonzeptionen mag Psychologie in der Epoche der Moderne enorme Erfolge als Wissenschaft und Beruf erzielt haben. In einer nachfolgenden Epoche der Postmoderne mag sie mit solchen Konzeptionen Nischen besetzen oder an Einfluß verlieren; sie kann aber weitere und neuartige Bedeutung erlangen, indem sie zu pluralistischen Konzeptionen übergeht (s. Schönpflug, 1995). Allgemeine Psychologie hat versucht, sich dem Zeitgeist zu entziehen. Ist sie ihm nicht doch unterworfen?

Literatur

Axelos, Chr., Flasch, K., Schepers, H., Kuhlen, R., Romberg, R. und Zimmermann, R. (1971). Allgemeines/Besonderes. In J. Ritter (Hrsg.), *Historisches Wörterbuch der Philosophie* (Band 1, S. 164-191). Basel: Schwabe.

Danziger, K. (1990). *Constructing the subject*. Cambridge, GB: Cambridge University Press.

Graumann, C. F. (1993). Mythenbildung in der Psychologiegeschichte. *Zeitschrift für Politische Psychologie*, 1, 5-15.

Kant, I. (1786/1973). Metaphysische Anfangsgründe der Naturwissenschaft. In Akademie der Wissenschaften (Hrsg.), *Gesammelte Schriften* (Band 4, S. 312-368). Berlin: de Gruyter.

Kintsch, W. (1996). Mental representation in cognitive science. In W. Battmann & S. Dutke (Eds.), *Processes of the molar regulation of behavior* (pp. 17-34). Lengerich: Pabst.

Koffka, K. (1921). *Die Grundlagen der psychischen Entwicklung*. Osterwiek: Zickfeld.

Kvale, S. (Ed.) (1992). *Psychology and postmodernism*. London: Sage.

von Mayrhauser, R. T. (1993). Applied dualism: An old deception in new employment. *Applied Psychology: An International Review*, 42, 30-36.

Schmid, C. C. E. (1796). *Empirische Psychologie. Erster Theil: Einleitung in die Psychologie überhaupt und Generelle empirische Psychologie*. Jena: Cröker.

Schönpflug, W. (1991). Allgemeine Psychologie: Grundstein der Arbeitspsychologie? In I. Udris & G. Grote (Hrsg.), *Psychologie und Arbeit* (S. 32-48). Weinheim: Psychologie Verlags Union.

Schönpflug, W. (1995). Psychologie – Phänomen der Moderne, prämodern, postmodern. In K. Pawlik (Hrsg.), *Bericht über den 39. Kongreß der Deutschen Gesellschaft für Psychologie in Hamburg 1994* (S.694-699). Göttingen: Hogrefe.

Schönpflug, W. & Schönpflug, U. (1995). *Psychologie*. Weinheim: Psychologie Verlags Union.

Stern, W. (1900). *Über Psychologie der individuellen Differenzen*. Leipzig: Barth.

Strack, F. (1988). Social Cognition: Sozialpsychologie innerhalb des Paradigmas der Informationsverarbeitung. *Psychologische Rundschau*, 39, 72-82.

Windelband, H. (1876). *Über den gegenwärtigen Stand der psychologischen Forschung*. Leipzig: Breitkopf und Härtel.

WAS WIRD AUS DER ENTWICKLUNGSPSYCHOLOGIE?

Rainer K. Silbereisen

Woher und Wohin der Entwicklungspsychologie auf ein paar Seiten zu skizzieren, erfordert Mut zur Lücke und zum (berechtigten) Vorhalt des Subjektivismus. Ich habe beides, und will das Folgende in zwei Teile gliedern. Im ersten Teil wird zu den prototypischen Problemstellungen der Entwicklungspsychologie jeweils festgehalten, was in den letzten beiden Dekaden an Aktivitäten hervorstach. Als eine persönliche Perspektive muß der zweite Teil erst recht gelten. Dort gehe ich nämlich davon aus, was ich mir jüngst als Herausgeber einer Fachzeitschrift zum Programm gemacht habe. Kurz gesagt sind es Trends für die Dekade über 2000 hinaus, die teils aus gesellschaftlichen Problemen (Altersaufbau, Migration), teils aus wissenschaftsimmanenter Dynamik entstehen (biopsychosoziale Theorienbildung, Rolle des eigenen Handelns in der Entwicklung).

Orientierungen der gegenwärtigen Forschung

Die Entwicklungspsychologie beschäftigt sich mit der Beschreibung, Vorhersage, Erklärung und Optimierung von Veränderungen über die gesamte Lebensspanne, von der frühesten Kindheit (oder gar der Konzeption) bis in das hohe Alter und den Tod. Blickt man über die letzten Jahrzehnte zurück, so gibt es zu jedem der genannten Themen beeindruckende und nachhaltige Veränderungen, welche auch die künftige Arbeitsweise und Programmatik der Entwicklungspsychologie beeinflussen werden.

Was die *Beschreibung* angeht, so haben überkommene Methoden der Dokumentation von Änderungen des Erlebens und Verhaltens Ergänzungen und Erweiterungen erfahren, die überwiegend technischem Fortschritt zu verdanken sind. Das Tagebuch von ehemals ist zu einem per „Pager" angesteuerten System halb- oder gar vollständig automatischer Registrierung von Urteilen über die gegenwärtige Befindlichkeit oder das Verhalten geworden. Was in der Vergangenheit mühsam per Kladde an Beobachtungen flüchtiger Geschehnisse erfaßt wurde, wird heute mit Videokameras eingefangen, die mit einem Rechnersystem so verkoppelt sind, daß anschließend Bild und Ton bzw. Transkription des Gesagten abrufbar und beliebig kombinierbar sind, einschließlich beispielsweise computergestützter Inhaltsanalysen oder vorbereiteter Clips zu Erfassung und Registrierung von Beurteilungen durch geschulte Rater.

Was für die Techniken der Datenerfassung zutrifft, gilt nicht weniger für die Designs zur Dokumentation von Veränderungen. Aus den einfach strukturierten Vergleichen von Altersgruppen sind raffinierte Anordnungen aus wiederholten Längsschnitten mehrerer Kohorten geworden, die dazu beitragen, alterskorrelierte Veränderungen von überlagernden Einflüssen des historischen Wandels zu unterscheiden. Wichtiger ist weniger, daß möglichst viele Studien mit derartigen Untersuchungsplänen verwirklicht werden (was schnell an finanzielle Grenzen stößt), sondern daß die Entwicklungspsychologie seitdem bewußter geworden ist, was die Vielfalt historisch wandelbarer ökologischer/gesellschaftlicher (und biologischer) Bedingungen lebensumspannender Veränderungen angeht. Über solche Studien im großen Maßstab soll aber auch nicht vergessen werden, daß Verlaufsstudien an Einzelfällen neues Gewicht erhielten.

Hinsichtlich der *Vorhersage* von Veränderungen hat die erweiterte und viele Lebensabschnitte umfassende Datenbasis zusammen mit methodischen Innovationen der Disziplin ungeahnte Möglichkeiten eröffnet. Mehr als je vermögen wir künftige Entwicklungen des Verlaufs von durchschnittlicher Ausprägung und interindividuellen Unterschieden psychischer Funktionen vorherzusagen. Hier ergaben sich manche Überraschungen. Der Verlauf des Ausmaßes interindividueller Unterschiede (Stabilität) über die Lebensspanne ist im Fall kognitiver Kompetenz gleichbleibend hoch über weite Bereiche jenseits der Adoleszenz, während beispielsweise Überzeugungen oder auch Aspekte der Identität geringere Stabilität im frühen Erwachsenenalter und hohen Alter zeigen, also zu diesen Zeiten durch äußere Einflüsse stärker modifizierbar sind. Weiterhin hat sich die Sicht auf die Rolle früher Erfahrungen für die Entwicklung geändert. Eingangs bestehende vielfältige Risiken, etwa perinataler Art, können offenbar durch vergleichsweise wenige positive Erfahrungen ausgeglichen werden. Entwicklungsbedingungen müssen nicht optimal sein, nur eben gut genug.

Diese differenzierte Sicht hat natürlich auch mit dem erweiterten Repertoire an Konstrukten zur *Erklärung* von

Veränderungen zu tun. Neben dem Beitrag der allgemeinen Modellbildung über Entwicklung, auf den ich sogleich zurückkomme, sind hier die Formulierungen besonders wichtiger Adaptionsmechanismen in der Person-Umwelt-Transaktion zu nennen, wie beispielsweise die Bindung (Attachment) und deren lebenslange Entfaltung und Wirksamkeit für Kognition und Motivation, oder die Entwicklung von Kontrollüberzeugungen, welche die Bewältigung vielfältiger Herausforderungen in allen Abschnitten des Lebens betreffen. Auf die einzelnen biopsychosozialen Funktionsbereiche einzugehen, ist nicht möglich. Deutlich ist aber schon heute, daß ein vertieftes Verständnis der neuronalen Grundlagen der Entwicklung komplexer Vorgänge von Gedächtnis und Denken erreicht ist.

Wie bei anderen Themen dürfen auch hier neue Auswertungsverfahren nicht vergessen werden, wozu vor allem die auf Beziehungen zwischen Variablen abhebenden und („kausal") Hypothesen überprüfenden Verfahren der Strukturgleichungsmodelle zählen, oder beispielsweise die Ereignisdatenanalyse, die statt Unterschieden in psychosozialen Funktionen zwischen Altersgruppen den tatsächlichen Zeitpunkt betreffen, zu dem bestimmte hierfür bedeutsame Ereignisse eintreten. Letzteres verweist bereits auf grundlegende Annahmen zur Art von Entwicklungsprozessen, denn die Dauer des Verharrens in einem Zustand vor dem Übergang in einen anderen wird selbst zur Bedingung von Entwicklung.

In dieser Hinsicht haben seit Beginn der 80er Jahre beträchtliche Wandlungen stattgefunden, welche das Verständnis des Wechselspiels von Person und Umwelt betreffen. Gleich mehrere wichtige Stränge sind hier zu nennen. Besondere Furore hat in den letzten Jahren die Verhaltensgenetik gemacht, die mit einem verfeinerten Inventar an Methoden, so der Modellierung von Effekten aus Zwillings- und Adoptionsstudien durch Strukturgleichungsmodelle, vor allem aber mit neuen Konstrukten zur Erklärung Aufsehen erregte. Einerseits wurden verschiedene Wege der Beeinflussung der Umwelt des Kindes durch den Genotyp herausgestellt, andererseits führte ausgerechnet die genetische Perspektive zu einer genaueren Abklärung der Rolle der Umwelt. Was in der Vergangenheit unüberlegt als Ergebnis familiärer Sozialisation verstanden wurde, stellte sich bei genauerer Betrachtung dar als Zusammenspiel direkter genetischer Transmission von den Eltern auf die Kinder, den Mitgliedern einer Familie gemeinsamen Anregungen, sowie genetisch angestoßener individueller Erfahrungen der Familienangehörigen, wobei die jeweilige Bedeutung der einzelnen Komponenten vom in Frage stehenden Funktionsbereich abhängt.

Was die Umwelt selbst angeht, so haben die letzten Jahre eine immer differenziertere Unterscheidung von ökologischen Kontexten erbracht, wobei die personalen Bedingungen, die zur Nutzung von Anregungspotentialen der Umwelt befähigen, wie beispielsweise Kontrollüberzeugungen oder Konstruktionskompetenzen, in ihrer Entwicklung und Auswirkung untersucht wurden.

Die Transaktion von Person und Umwelt im Entwicklungsgeschehen kann auch den Charakter gewollten, absichtsvollen Handelns zur Verfolgung von Entwicklungszielen haben. Entsprechende Konzepte von Entwicklung wurden erarbeitet und gewinnen immer neue Anwendungsfelder. Ein jüngst intensiv untersuchter Bereich ist die Frage, mittels welcher Bewältigungsstrategien es Menschen vermögen, die im hohen Alter nachlassenden Fähigkeiten zu kompensieren und dadurch drohende Einbußen des Selbstwerts zu vermeiden. Wie deutlich wird, ist letzteres das Ergebnis teils nahezu automatischer, teils bewußt eingesetzter Versuche, entsprechende potentiell abträgliche Informationen zunächst in ihrer Durchschlagskraft zu begrenzen, dann kompensierende Anstrengungen zu unternehmen und schließlich persönliche Entwicklungsziele zu ändern.

Allen heutigen Entwicklungsmodellen ist gemein, daß sie sich biopsychosozial verstehen, also Bestrebungen darstellen, das Wechselspiel aller an der Adaption über die Lebensspanne beteiligten Prozesse, von unten nach oben und von oben nach unten, zu betrachten. Ich komme darauf zurück.

Schließlich ist *Optimierung* der Entwicklung eine Aufgabe der Entwicklungspsychologie. Entsprechende Interventionen sind häufig nicht durch pragmatische Interessen geleitet, sondern werden als Forschungsstrategie im Rahmen bedingungskontrollierten Erklärens von Entwicklungsprozessen eingesetzt. Standen am Anfang vor allem Untersuchungen zur Besserung der frühkindlichen Entwicklung, wobei dahinter auch die Annahme steckte, dies sei eine entscheidende Zeit besonderer Wandelbarkeit, so haben in den letzten Jahren, parallel zu den Verschiebungen der Alterspyramide, vermehrt Aktivitäten zum Ausgleich von Einbußen kognitiver, motivationaler und sozialer Kompetenzen im hohen Alter stattgefunden. Die Erfolge solcher Kompetenztrainings sind beeindruckend, haben sich doch die Grenzen wirklicher Leistungseinbußen als variabel und damit kulturabhängig erwiesen.

Ein wichtiger Ertrag der vielfältigen Bemühungen zur Optimierung von Entwicklungsprozessen ist eine Änderung unseres Bildes von Entwicklungsverläufen und damit des Begriffs von Entwicklung selbst. Es geht nämlich nicht länger um die Frage von Aufbau, vor allem in der Kindheit und Jugend, mit erheblicher Modifizierbarkeit, gefolgt von Konstanz und schließlich Abbau, der mehr oder weniger unaufhaltsam immer weitere Funktionsbereiche betrifft. Statt dessen ist von einem im Verhältnis zueinander zwar variablen, aber die gesamte Lebensspanne umfassenden gleichzeitigen Gewinn und Verlust an Adaptionsfähigkeit auszugehen, wobei die Grenzen der Modifizierbarkeit durch systematische Anregungen für ganze Lebensbereiche und -abschnitte noch weitgehend unausgelotet sind.

Perspektiven für die nähere Zukunft

Wenn das Geschilderte eine aufs äußerste geraffte Liste der Sichtweisen und Themen der Entwicklungspsychologie der letzten beiden Dekaden ist, was wird die nähere Zukunft bringen? Sie zu erahnen und ihre frühen Vorboten bekanntmachen zu helfen, ist der Ehrgeiz jedes Zeitschriftenherausgebers. Da ich jüngst für das International Journal of Behavioral Development in diese Rolle kam, kann ich an meine Überlegungen anknüpfen.

Zuvorderst sollte man natürlich hoffen, daß die eben angerissenen Themen und Herangehensweisen (und die vielen nicht minder wichtigen, aber ungenannten) sich weiter entfalten. Insofern ist die *Fortsetzung gegenwärtiger Forschungslinien* schon eine Prognose. Die gestaltende Rolle des Individuums in seiner eigenen Entwicklung hat beispielsweise noch vor einer Dekade überwiegend deklamatorischen Charakter gehabt, war nicht ausgefüllt mit konkreten Untersuchungen und Erkenntnissen zum Wie. Dies ist heute in einigen Bereichen der Fall, so in der Untersuchung von Bewältigungskompetenzen gegenüber Entwicklungsaufgaben und Funktionseinbußen über die Lebensspanne. Das letztere wird als Folge akuter Prozesse wie früher Erfahrungen verstanden.

Was aber ist mehr als bloß Fortsetzung? Ich glaube, daß ein Leitthema die Untersuchung der Art und Weise sein wird, *wie biologische Prozesse und ihre genetische Basis mit ökologischen und kulturellen Aspekten der Umwelt zusammenwirken in der Entwicklung* lebenslanger Adaption. In einigen Bereichen zeichnen sich die Konturen entsprechender Forschungsansätze und Kooperationen deutlich ab. Die Forschung zum Verständnis jugendlichen Problemverhaltens in der frühen Adoleszenz ist hierfür ein Beispiel. Die Zunahme internalisierender Fehlanpassungen bis zum frühen Erwachsenenalter wird in ihrer vielschichtigen Entwicklungsdynamik, die verschiedenen Entwicklungspfaden folgt, zunehmend deutlich. Einer geht beispielsweise davon aus, daß Störungen der Bindungsentwicklung und hieraus erwachsende Belastungen der innerfamiliären Kohäsion auf neuroendokrinologischem Wege den Zeitpunkt der Pubertät nach vorn verlagern. Dieses wiederum führt nicht nur zu den bekannten physischen Veränderungen, sondern zieht ebenso geänderte kortikale Funktionen und neue Reaktionen der Umwelt nach sich. Alle drei Einflußquellen haben Folgen für typische Verläufe der Empfänglichkeit für Entwicklungsabweichungen und Störungen im Umkreis der Depression. Wichtig ist nun, daß die Veränderungen im Verhalten ihrerseits Rückwirkungen auf alle genannten Prozesse haben.

Die Erwartung ist, daß die künftige Entwicklungspsychologie in vielen Bereichen und Themen solche auf alle Ebenen des Systems abhebenden Analysen vermehrt durchführen wird. Angemerkt sei, daß sich das Beispiel geeignet hätte, auch den ökologischen und kulturellen Kontext einzubeziehen. Schon heute zeichnet sich beispielsweise ab, welche Veränderungen der Lebensumstände zur historischen Zunahme depressiver Störungen geführt haben und in welcher Weise Bedingungen der Adoleszenz, selbst ein kulturelles Phänomen über die Pubertät hinaus, hierzu beitragen.

Intergenerationale Analysen von Entwicklungsverläufen und -ergebnissen werden zunehmen. Dies hat viele Gründe, wozu die Notwendigkeit zur Unterscheidung genetischer und ökologischer Faktoren bzw. deren Wechselspiel ebenso zählt, wie die Tatsache, daß nunmehr zahlreiche intergenerational auswertbare Längsschnittstudien vorliegen. Solche Ansätze werden es erlauben, biologische Schädigungen Ungeborener durch elterliches Verhalten (Rauchen, Trinken während der Schwangerschaft mit Auswirkung auf die Hirnfunktion) in ihren, häufig über Jahre „schlummernden“, Folgen für das künftige Verhalten der Kinder im Jugendalter zu untersuchen, um nur ein Beispiel zu nennen. Solche Herangehensweisen werden es erlauben, ein neues Verständnis von Sozialisation und Entwicklung zu erlangen.

Die Fortschritte in der biopsychosozialen Modellbildung werden ganz wesentlich von der *Bereitstellung neuer Meß- und Darstellungsverfahren* geprägt sein. Was die Veränderungen der erwähnten kortikalen Aktivitäten angeht, so wären sie ohne Methoden wie die der evozierten Potentiale kaum vorstellbar. Aber auch die Beobachtung von Verhaltensweisen in der natürlichen Realität wird sich beträchtlich verändern. Man denke nur an Untersuchungen zum Aktionsradius Jugendlicher, die sich heute schon über Ortsbestimmung per Satellitenmessung vornehmen lassen. Ähnlich vorantreibend wird die Ergänzung der Verhaltensgenetik durch konkrete Analysen der Genloci sein.

Notwendigerweise werden sich *neue Arbeitsteilungen und neue Zuschneidungen von Disziplinen* ergeben, die sich mit Entwicklung beschäftigen. Genannt seien nur die Neurowissenschaften oder auch die Anthropologie. Die Verhaltensentwicklung wird zunehmend auch unter evolutionärer Perspektive gesehen (jüngst erst stellte sich anhand der Substanzdichte und der Abknickung des Halses von Hüftknochen im Vergleich von Neandertalern und Homo Sapiens heraus, daß die Kinder ersterer mutmaßlich von früh an mit der Gruppe umherzogen, während letztere im frühen Kindesalter eher unter Aufsicht im Lager blieben – welche Perspektive auf die Entwicklung des Sozialverhaltens und seiner motivationalen Grundlagen!).

Anders als bislang noch ist weiterhin anzunehmen, daß entwicklungspsychologische Forschung *komparative Perspektiven* verfolgt, und zwar nicht nur vergleichend zwischen Kulturen, sondern ebenso innerhalb von Gesellschaften hinsichtlich der Unterschiede zwischen ethnischen Gruppen oder sozialen Schichtungen. In jüngerer Zeit kommen immer wieder Zweifel an der Universalität selbst der gesichert erscheinenden Erkenntnisse zu Entwicklungsbedingungen zutage. Die Verbreitung und selbst die kompetenzfördernde Rolle autoritativer Eltern-Kind Interaktionen beispielsweise unterscheidet sich erheblich je nach kulturellem Hintergrund.

War die Entwicklungspsychologie bis in die jüngere Vergangenheit sehr stark auf die Person ohne Berücksichtigung des Kontexts orientiert, so hat sich dies nachhaltig geändert, wobei allerdings bis jüngst der historische Wandel eher nachlässig behandelt wurde. Zu erwarten ist eine besondere *Beachtung gesellschaftlicher Transformationsprozesse.* Hier ist sicher ein neuer Anstoß mit den politischen und technologischen Veränderungen in der Welt zu rechnen, wobei sich erneut eine biopsychosoziale Perspektive durchsetzen wird. Den Anlaß stellen nicht nur herausragende Geschehnisse wie der Zusammenbruch ganzer Gesellschaftssysteme dar, sondern auch die Zunahme von Depressionen und anderen Störungen adaptiver Entwicklung.

Das Interesse hieran verweist auf einen weiteren Trend, der für die nähere Zukunft zu erwarten ist. Bestand bis vor wenigen Jahren eine kategoriale Trennung zwischen Entwicklungspsychologie und Klinischer Psychologie oder Jugendpsychologie und Jugendpsychiatrie, so hat sich mit einer neuen Disziplin, der *Entwicklungspsychopathologie,* ein Forschungsprogramm zu etablieren begonnen, welches die fließenden Übergänge von normaler und gestörter Anpassung in den Mittelpunkt stellt. Zahlreiche neue Begriffe und Sichtweisen, häufig aus bewußten Bereichsüberschreitungen entstanden, haben unseren Blick geschärft. Das Ausbrechen einer Anpassungsstörung wird beispielsweise als Durchschlagen einer biologischen Vulnerabilität wegen des Zusammenbruchs familiärer Schutzfaktoren verstanden, welche aber teils umkehrbar ist, etwa durch Förderung von Fertigkeiten zur Lösung sozialer Konflikte. Gerade Phänomene wie das der Resilienz (Unverletzbarkeit entgegen aller Erwartung trotz Anwesenheit der Risikofaktoren) werden künftig durch das bessere Verständnis der biologischen Grundlagen eine neue Fundierung erhalten.

Schließlich darf man erwarten, daß die Notwendigkeit zum lebenslangen Lernen einen neuen *Schub anwendungsorientierter entwicklungspsychologischer Forschung* auslösen wird. Ging es früher vor allem um die Optimierung von Entwicklung in Kindheit und Jugend, so bringen der technologische Wandel und die gestiegene Lebenserwartung die Notwendigkeit, Funktionstüchtigkeit und Lebensfreude, keineswegs nur verstanden als Lernen, ungeachtet unvermeidlicher Einbußen zu erhalten. Erfolgreiches Altern ist das Stichwort, bei dem es für meine Begriffe in der Zukunft vor allem darum geht, jene kulturellen Gegebenheiten zu identifizieren, welche bislang das Nutzen der biologisch nicht erschöpften Potentiale an Entwicklung im hohen Alter behindern, um vor diesem Hintergrund Handlungsweisen für die bessere Passung von sozialen Institutionen und Menschen im Alter zu erreichen. Anders als früher wird die Entwicklungspsychologie nicht mehr mit dem Normalfall einmaliger Interventionen bei Individuen rechnen, sondern auf Gestaltung von Lebensräumen und Entwicklungsbedingungen abheben, welche die Familie oder die Nachbarschaft einbeziehen, und zwar zu mannigfachen Abschnitten des Lebenszyklus.

Literatur

Brandtstädter, J. & Greve, W. (1994). The aging self: Stabilizing and protective processes. *Developmental Review, 14*, 52-80.

Silbereisen, R. K. (1996) Jugendliche als Gestalter ihrer Entwicklung. In R. Schumann-Hengsteler & H. M. Trautner (Hrsg.), *Entwicklung im Jugendalter* (pp. 1-18). Göttingen: Hogrefe.

Silbereisen, R. K. (1996). Editorial Comment. *International Journal of Behavioral Development, 19*, 241-242.

ANMERKUNGEN ZUR SOZIALPSYCHOLOGIE – Eine persönliche Stellungnahme

Dieter Frey

Zehn Jahre Psychologie Verlags Union sind mir Anlaß zur Standortbestimmung und Anreiz zur Formulierung persönlicher Wünsche für die Zukunft der deutschen (und teilweise auch der internationalen) Sozialpsychologie.

Die Sozialpsychologie beschäftigt sich mit dem Einfluß sozialer Stimuli auf individuelles Verhalten und Gruppenverhalten. Während in der Nachkriegszeit Interaktions- und Gruppenverhalten als Gegenstand der Forschung mainstream waren, hat sich der Forschungsschwerpunkt heute sehr auf die Analyse individuellen Verhaltens konzentriert, worauf noch eingegangen werden soll. Im folgenden zunächst einige Anmerkungen zu internationalem Renommee, Theorieentwicklung, Praxisrelevanz und Forschungsförderung sowie zur Qualität der Zeitschriften und Lehrbücher der deutschen Sozialpsychologie.

Die deutsche Sozialpsychologie zählt zu den Disziplinen unseres Faches, die international sehr weitreichend präsent sind. Dies zeigt sich an der Zahl der Publikationen in den renommierten internationalen Zeitschriften, an unserem Engagement in der überwiegend amerikanisch geprägten „Society of Experimental Social Psychology" und auch an der Präsenz in der „European Association of

Experimental Social Psychology". Viele Kollegen und Kolleginnen der Sozialpsychologie sind (Mit-)Herausgeber internationaler sozialpsychologischer Fachzeitschriften. Die internationale Reputation der deutschen Sozialpsychologie spiegelt sich auch in der hohen Repräsentation deutscher Sozialpsychologen im Citation Index. Auch bei den DFG-Forschungsprojekten sind Sozialpsychologen überproportional stark vertreten.

Eine Ursache für das internationale Renommee der Sozialpsychologie liegt in ihrer Produktivität: Meines Erachtens ist sie neben der Allgemeinen Psychologie jene Disziplin, die in den letzten Jahrzehnten innerhalb der Psychologie die meisten innovativen Theorien hervorgebracht hat. Als Beispiele hierfür seien die Attributionstheorie, die Theorie der gelernten Hilflosigkeit, die Theorie der kognizierten Kontrolle, die Theorie der Selbstaufmerksamkeit, die Theorie der sozialen Identität, die Reaktanztheorie sowie die Theorie der kognitiven Dissonanz genannt. Auch die Theorie der Laienepistemologie hat, zumindest im amerikanischen Sprachraum, eine hohe Verbreitung gefunden (vgl. als Überblick die drei Bände zu Theorien der Sozialpsychologie von Frey & Irle, 1993).

In vielen anderen Teildisziplinen der Psychologie wird auf diese Theorien entweder im Grundlagen- oder im Anwendungsbereich direkt Bezug genommen (vor allem in der Persönlichkeitspsychologie, in der Klinischen und Pädagogischen Psychologie sowie in der Organisations- und Wirtschaftspsychologie). Ebenso hat das sozialpsychologische Know-how in Form von erprobten Theorien andere Fachwissenschaften beeinflußt, etwa die Betriebswirtschaft, die Volkswirtschaft, die Pädagogik, die Rechtswissenschaft und auch die Medizin. So sind zum Beispiel die dissonanztheoretische Betrachtung von Kaufverhalten und Allokationsentscheidungen sowie sozialpsychologisch fundierte Untersuchungen zu Kommunikation, Anonymität und Fairneß wichtige Gebiete betriebswirtschaftlicher Forschung geworden.

In der Entscheidungsforschung, der Organisationstheorie und der Personalwirtschaft, genauso aber im Marketingbereich der Betriebswirtschaftslehre, wird auf psychologisches – und dabei häufig sozialpsychologisches – Know-how zurückgegriffen. Auch die Volkswirtschaftler kritisieren den „Modellplatonismus“ ihres Faches, den sie zunehmend durch (sozial)psychologische Theorien erweitern, vor allem im Bereich der experimentellen Wirtschaftsforschung. Die Pädagogik nimmt ebenfalls Bezug auf sozialwissenschaftliche Theorien – etwa im Bereich der Forschungen über Kommunikation, Konflikte, Führungsverhalten und Gruppendynamik. In der Rechtswissenschaft sind sozial- und rechtspsychologische Erkenntnisse bei der Beurteilung von Zeugenaussagen und bei Glaubwürdigkeitsurteilen nicht mehr wegzudenken, ebenso im Strafvollzug. Daß die Medizin vermehrt auf psychologische und sozialpsychologische Erkenntnisse Bezug nimmt, ist fast eine triviale Behauptung: Zusammenhänge zwischen immunologischen, endokrinologischen und hormonellen Substraten einerseits und affektiven, kognitiven und sozialen Faktoren andererseits sind nachgewiesen – allesamt Phänomene, mit denen sich Sozialpsychologen auch im Bereich der Anwendung, z.B. im Gesundheitsbereich, beschäftigen. Gerade diese Fragen werden in Zukunft noch an Bedeutung gewinnen.

Viele Sozialpsychologen bringen ihrerseits ihre Kompetenz bereits in verschiedene Bereiche der Praxis ein, vor allem in die Rechts-, Umwelt-, Sport-, Gesundheits- und Organisationspsychologie. All diese Gebiete profitieren von den Theorien und dem Know-how unseres Faches – sei es bei der Erforschung von Einstellungs- und Verhaltensänderungen, sei es bei der Untersuchung von Führung und Macht, Kooperation und Kompetition, Konflikten, Prinzipien der sozialen Wahrnehmung oder gruppendynamischen Prozessen.

In den siebziger Jahren war der überwiegend sozialpsychologisch orientierte Sonderforschungsbereich für Wirtschafts- und Sozialpsychologie (unter Martin Irle) lange Zeit ein wichtiges Aushängeschild unseres Faches (viele Kollegen, die augenblicklich C3- und C4-Professuren in Deutschland innehaben, sind aus diesem Sonderforschungsbereich hervorgegangen und haben heute wiederum Schüler, die bereits Professuren bekleiden). In der Folgezeit haben andere sozialpsychologische Forschergruppen und Schwerpunktbereiche unser Fach bedeutend mitgeprägt, wie zum Beispiel die Forschergruppe zu „Einstellungen und Verhalten" (Organisator: Arnold Upmayer) und die Forschergruppe zur Soziolinguistik in Heidelberg (Organisatoren Carl Friedrich Graumann und Theo Herrmann); ein aktueller Konzentrationspunkt sozialpsychologischer Forschung ist der Schwerpunkt „Soziale Urteilsbildung" (Organisatoren: Fritz Strack und Klaus Fiedler) – genauso wie die Forschergruppe „Wissen und Handeln" in München (Organisatoren: Dieter Frey, Heinz Mandl und Lutz von Rosenstiel). Auch im DFG-Schwerpunkt „Global Change" (Organisator: Hans Spada) sind sozialpsychologische Projekte vertreten. Erwähnt werden muß aber auch das interdisziplinäre Graduiertenprogramm in Münster, das u.a. von Amelie Mummendey initiiert wurde und in dem viele Doktoranden der Sozialpsychologie ausgebildet wurden und werden.

Das wichtigste Organ des Faches Sozialpsychologie im deutschen Sprachraum ist die „Zeitschrift für Sozialpsychologie“, die vor über dreißig Jahren von Graumann, Irle, Holzkamp und Feger gegründet wurde und augenblicklich von Diehl, Fiedler, Stroebe und Frey herausgegeben wird. Es ist nicht immer einfach, die Zeitschrift mit hochqualifizierten Beiträgen zu füllen, da viele Wissenschaftler ihre Arbeiten auf Englisch veröffentlichen. Etliche Kollegen in der Sozialpsychologie sind gar der Meinung, daß Veröffentlichungen in Deutsch „Friedhofsliteratur“ seien, da das wissenschaftliche Know-how der gesamten internationalen scientific community zur Verfügung gestellt werden müsse. Immerhin hat der Wissenschaftsrat unter dem Vorsitz von Heinz Heckhausen vor einigen Jahren vorgeschlagen, bei besonders wichtigen Arbeiten die Veröffentlichung sowohl in Deutsch als auch in Englisch zu erwägen. Meiner Meinung nach sollte man Wissenschaft zunehmend international konzipieren und daher grundsätzlich Publikationen auf Englisch anstreben. Eine Ausnahme wären Themen, die nur für ein spezifisches Land oder eine spezifische Sprache interessant sind – man denke beispielsweise an die Evaluation von landesspezifischen Tests oder die Erforschung lokaler Probleme.

Was den deutschen Lehrbuch-Markt betrifft, so können sich die Studierenden der Sozialpsychologie heute an einer Vielzahl von deutschen Lehrbüchern orientieren. Noch vor 25 bis 30 Jahren mußte ein Student der Sozialpsychologie auf englische Werke ausweichen. Viele gute deutsche Lehrbücher, wie die Werke von Stroebe et al., von Bierhoff, von Irle, von Herkner, von Witte, ebenso die drei Theorienbände von Frey und Irle sowie die Schlüsselbegriffe der Sozialpsychologie von Frey und Greif existierten damals noch nicht. Auch dies ist ein Hinweis auf die produktive Arbeit in den letzten Jahrzehnten.

Bei diesem insgesamt positiven Urteil über die deutsche Sozialpsychologie soll nicht verschwiegen werden, daß renommierte deutsche Kollegen, oder in Deutschland arbeitende Kollegen, ins Ausland gegangen sind, etwa in die USA (z.B. Norbert Schwarz) oder nach Holland (Wolfgang Stroebe, Gün Semin). Dies stellt zwar international keinen Verlust dar, wohl aber im nationalen Bereich, wo es doch darum geht, junge Studierende als Jungwissenschaftler für das Fach zu begeistern. Ich sehe dieses Abwandern zum Großteil darin begründet, daß viele Kollegen anderer psychologischer Disziplinen bei der Besetzung sozialpsychologischer Lehrstühle angepaßte, oft international weniger renommierte Kollegen den vielleicht etwas querdenkerischeren, aber renommierteren Kollegen vorzogen. Diese Tendenz wird so lange bestehen, wie ein Institut für ein „Center of Excellence" im Forschungsbereich nicht belohnt wird.

Damit ist ein generelles Problem deutscher Universitäten angesprochen. Eine Vielzahl von Bedingungen im universitären Bereich sind in der Tat hemmend für kreative Forschung. Wäre die deutsche Universität ein Unternehmen auf dem freien Markt, so wäre sie längst in Konkurs gegangen: Zu oft besteht kein outputorientiertes, sondern eher ein bequemlichkeitsorientiertes Denken. Deutsche Universitäten könnten hier von Spitzenunternehmen der Wirtschaft, besonders auch von deren Kreativabteilungen lernen: Wie kann Forschung unter unternehmerischen Gesichtspunkten gestaltet werden? Weder gibt es bei uns Kreativschulungen, die der Frage nachgehen, wie etwa kreative Forschungsleistungen erreicht werden können, noch gibt es systematische Reflexionen über blinde Flecken unseres Faches und deren Aufhellung. Genausowenig bestehen systematische Kontakte mit Praktikern aus unterschiedlichen Settings der Realität; dort könnte darüber reflektiert werden, ob die wichtigsten Aspekte, die wir erforschen, einen Bezug zu Problemen der Realität haben. Das Hauptproblem (nicht nur der Sozialpsychologie) besteht darin, daß Leistung in Form von praxisrelevanter und kreativer Forschung kaum honoriert wird – und schon gar nicht die Leistung eines gesamten Institutes. Es fehlt in diesem Sinne auch an einem Markt, auf dem unsere Forschungsleistung von Externen bewertet wird: Beurteiler ist überwiegend die eigene kleine scientific community, was nicht unbedingt horizonterweiternd und kreativitätsfördernd ist. Auch dies ein Grund für die Abwanderung renommierter Kollegen ins Ausland?

Die Sozialpsychologie hat in den letzten vierzig Jahren ein theoretisches Wissen erarbeitet, das wesentlich intensiver genutzt werden kann, als es derzeit geschieht; die Öffentlichkeit und potentielle Nutzenanwender rufen diese sozialpsychologischen Erkenntnisse viel zu wenig ab. Es fehlt an Problembörsen, in denen Praktiker ihre Probleme artikulieren, auf die Sozialpsychologen wiederum mit ihrem Know-how reagieren könnten. Umgekehrt wird vorhandenes Wissen zu wenig an potentielle Abnehmer transportiert, zum Beispiel in Form von Informationsbörsen der Wissenschaft für Praktiker (Politiker, Volkswirte, Pädagogen), in denen neues sozialpsychologisches Anwendungswissen präsentiert wird. Dabei liegen Problemlösungen klar auf der Hand. Wir haben zum Beispiel differenzierte Erkenntnisse darüber, wie man die Genesung nach schweren Krankheiten positiv beeinflussen kann, wie man einen mündigen, emanzipierten Mitarbeiter (Schüler, Bürger, Student) fördert, wie man ein „Center of Excellence" in Schulen, Universitäten, Unternehmen etabliert, wie Vorurteile abgebaut, Einstellungen verändert und Fehlentscheidungen in Gruppen minimiert werden können (vgl. Stroebe et al., 1992). Das Wissen ist vorhanden, es wird aber zu wenig abgerufen und auch von Sozialpsychologen zu wenig an potentielle Abnehmer transportiert.

Sozialpsychologie ist eigentlich die Disziplin, bei der besonders veranschaulicht werden kann, wie Grundlagenforschung, angewandte Forschung und Anwendung von Forschung miteinander verzahnt werden können. Wir wollen dies an einem Beispiel demonstrieren: Durch den Wertewandel haben sich Mitarbeiterbedürfnisse stark verändert – weg von Akzeptanz- und Pflichtwerten und hin zu Autonomie- und Selbstgestaltungswerten. Parallel dazu wandelten sich die Anforderungen in der Arbeit. Viele mittelständische Unternehmen und Großunternehmen haben diese Veränderungen der Werte in den Köpfen und Herzen der Mitarbeiter noch nicht erkannt. Führungsverhalten und Führungsstrukturen wurden kaum verändert und entsprechen damit nicht mehr der Gegenwart. In anderen Firmen, den Spitzenunternehmen nämlich, wird dagegen längst sozialpsychologisches Know-how umgesetzt. Will man einen mündigen, lernfähigen und motivierten Mitarbeiter erreichen, so ist insbesondere die Kontrolltheorie relevant, die Motivation durch ein Höchstmaß an Partizipation und Transparenz postuliert, ebenso aber die sozialen Lerntheorien, welche die Wichtigkeit des Vorbildes der Führungsperson betonen. Ferner lassen sich das Führen durch Visionen, die Komfortzonenbesetzung am Arbeitsplatz und Zielvereinbarungsgespräche direkt aus sozialpsychologischen Erkenntnissen ableiten. Derartige Führungsprinzipien bewirken einen motivierten und engagierten Mitarbeiter (vgl. Frey, 1994, Frey & Schuster, 1996). Ebenso bietet die Sozialpsychologie Theorien darüber, wie schneller Wandel in Betrieben und Krankenhäusern vollzogen und gefördert werden kann. Die Minoritätentheorie von Moscovici (vgl. Maass et al., 1993) ist dabei ein wichtiger Baustein: Wie gelingt es Minoritäten des neuen Denkens, schnell Strukturen zu ändern? Andere sozialpsychologische Theorien beleuchten notwendige Bedingungen für die Umsetzung von Vorsätzen, wie sie zum Beispiel in Workshops formuliert werden. Forschungen über Einstellungen und Verhalten geben hier Hinweise, etwa: Visualisierung der Vorsätze, Konkretisierung der Vorsätze, Arbeit mit Erinnerungspartnern usw. (vgl. Frey, Stahlberg & Gollwitzer, 1993; Gollwitzer, 1991).

In der Folge werde ich auf einige Kritikpunkte eingehen. Diese kritischen Punkte beziehen sich nicht nur auf die deutsche Sozialpsychologie, sie sind auf unser Fach, wie es weltweit betrieben wird, übertragbar. Was würde ich mir für die nächsten zehn Jahre vor allem wünschen?

1. *Gruppenforschung etablieren:* Nach wie vor ist die Sozialpsychologie – wie auch die gesamte Psychologie – zu sehr am Einzelindividuum, weniger an Interaktionen zwischen Individuen orientiert. Die Mainstream-Sozialpsychologie ist international

stark geprägt durch die Untersuchung des Individuums – die social-cognition-Forschung überwiegt erheblich gegenüber Interaktions- und Gruppenforschung. Übrigens haben Tajfel und Moscovici bereits vor 25 Jahren diese Kritik formuliert, ohne daß sich seitdem im internationalen Mainstream viel verändert hätte.

2. *Veränderungen in der Gesellschaft aufgreifen:* Die Sozialpsychologie stellt in vielen Bereichen, in denen sie Problemlösungen anbieten könnte, de facto immer noch zu wenig Anwendungswissen bereit. Sozialpsychologisches Wissen und Know-how werden im Bereich der Schulen und Hochschulen, in Politik, Verwaltung und Wirtschaft dringend benötigt. Am Übergang zur Informationsgesellschaft erleben wir augenblicklich eine Revolution; die entsprechenden Veränderungen sind jedoch noch kaum Gegenstand der Forschung. Viele Managementtechniken, die von Bestsellerautoren geliefert werden, haben nur deshalb so hohe Akzeptanz, weil die Sozialpsychologen sich zu wenig mit solchen Phänomenen beschäftigen. Sozialpsychologen definieren sich oft zu sehr als Experimentalforscher, sehen ihre Aufgabe darin, eine Variable nach der anderen zu induzieren. Liest man unsere nationalen oder internationalen Zeitschriften oder die Kongreßbeiträge auf den nationalen und internationalen Kongressen, so muß man sich schon sehr oft die Frage stellen: Wo ist die praktische Relevanz vieler solcher Forschungen?

Es wäre zu wünschen, daß die Sozialpsychologen in der Zukunft mehr als bisher Probleme der Realität als Probleme der Literatur lösen. Während zum Beispiel in Wirtschaft und Gesellschaft akute Probleme vorhanden sind und wir teilweise extreme Veränderungen am Arbeitsplatz erleben (Einführung von Gruppenarbeit, leistungsorientierte Entlohnung von individuelleren und zeitsouveräneren Arbeitsplätzen, Veränderungen der Entscheidungsstrukturen, Delegation von Verantwortung, Zusammenarbeit innerhalb multinationaler und -kultureller Teams usw.), sind viele Sozialpsychologen überhaupt nicht mit diesen – sozialen – Phänomenen befaßt. Sie überlassen damit freiwillig vielen Scharlatanen und psychologisch unbedarften Unternehmensberatern das Feld, die allenfalls unzureichendes Wissen über das Zusammenspiel von Menschen und Gruppen haben. Deshalb scheitern letztlich auch so viele Managementkonzepte in Wirtschaft und Verwaltung; vor allem die Umsetzung solcher Konzepte bedarf sehr viel sozialpsychologischen Know-hows.

Daß mehr Probleme der Literatur als Probleme der Realität bearbeitet werden, erklärt sich wohl daraus, daß ersteres oft einfacher und karriereträchtiger ist. Wer im Mainstream forscht, hat die Chance, in die Zitierzirkel aufgenommen zu werden und damit Karriere zu machen. Da es für wissenschaftliches Arbeiten kaum einen Markt außerhalb der Wissenschaft gibt, ist diesem Teufelskreis nur schwer zu entrinnen; dennoch geht dies zu Lasten einer innovativen Wissenschaft. Dies ist keineswegs nur ein Problem der Sozialpsychologie, sondern der Wissenschaft in Deutschland generell.

Sich aus dem Teufelskreis des status quo zu befreien, ist nicht einfach. Wenn man aber eine Wissenschaft danach beurteilen darf, was sie in den letzten 25 Jahren an Erkenntnissen gewonnen hat, um tatsächlich auch wirtschaftliche und gesellschaftliche Probleme zu lösen, dann kann die Sozialpsychologie meines Erachtens nicht zufrieden sein.

3. *Integration von Theorien der Nachbardisziplinen anstreben*: Zu Beginn wurde betont, daß sozialpsychologisches Know-how in viele andere Fächer wie die Betriebswirtschaft und die Medizin eingegangen ist. Umgekehrt hat meiner Ansicht nach die Sozialpsychologie Theoriengebäude aus anderen Disziplinen unseres Faches und aus anderen Fächern weniger stark integriert: zentrale Aspekte der Ökonomie, wie zum Beispiel Knappheit an Zeit und Ressourcen, ebenso eine Vielzahl von Theorien aus der Arbeits-, Betriebs- und Wirtschaftspsychologie. Als Beispiel sei die Goalsetting-Theorie von Locke erwähnt, die in der Sozialpsychologie bislang zu wenig rezipiert worden ist.

   Gerade die Sozialpsychologie sollte sich auch stärker mit philosophischen Fragen beschäftigen: In sozialen Interaktionen sind Fragen des moralischen und ethischen Urteilens zentral. Auch würde ich mir wünschen, daß Entwicklungen in der Philosophie (wo manche Version moderner Ethik auf affektiven Urteilen aufgebaut wird) aufgegriffen und diskutiert werden. Erneut zeigt sich in diesem Zusammenhang, daß die Sozialpsychologie – wie auch andere psychologische Disziplinen – zu sehr „im eigenen Saft brät".

4. *Sozialpsychologie als Aufklärungswissenschaft in der Tradition Lewins:* Bekannterweise war Kurt Lewin ein starker Verfechter der Integration von Grundlagenforschung, angewandter Forschung und der Anwendung von Forschung. Er hat diese Integration in den unterschiedlichsten Phasen seines Arbeitens selbst praktiziert. Dabei ging es ihm um die Integrierung von Minoritäten (angewandte Forschung), um die Überzeugung durch Gruppendiskussionen (angewandte Forschung und Anwendung von Forschung) und in starkem Maße auch um Grundlagenforschung im Bereich von Entscheidungs- und Konfliktverhalten. Wenn man sich an Lewin orientiert, dann muß man sich die folgende Frage stellen: Wird die heutige Sozialpsychologie dem Anspruch gerecht, einen Beitrag zur psychologisch fundierten wirtschaftlichen und gesellschaftlichen Problemlösung anzubieten? Wird sie dem Anspruch gerecht, hier einen Beitrag als Aufklärungswissenschaft zu leisten? Mehr als die Vertreter anderer Disziplinen innerhalb der Psychologie haben sich Sozialpsychologen wie Kurt Lewin als Forscher definiert, die auch Probleme der Realität untersuchen und an psychologisch fundierten Problemlösungen arbeiten.

Ich würde mir wünschen, daß meine sozialpsychologischen Kollegen sich verstärkt an der Tradition von Lewin orientieren und danach trachten, neue erklärungskräftige und überprüfbare Theorienentwürfe zu entwickeln, innovativer zu werden in ihren Methoden (die Methoden müssen den jeweiligen Fragen angepaßt werden und nicht die Fragen den

Methoden) und zu vielen gesellschaftlichen Themen wie Ausländerfeindlichkeit, Gesellschaft im Wandel, Innovationsprozesse, Arbeitslosigkeit, Bevölkerungswachstum und Umweltverschmutzung wissenschaftlich fundierte Denkanstöße und lösungsorientierte Modelle anzubieten.

Der Sozialpsychologe, der sich heute an Lewin orientiert, steht allerdings vor einem hartnäckigen Dilemma: Auf der einen Seite muß und möchte er Theorien formulieren und überprüfen; auf der anderen Seite will er – im Sinne Lewins – praktische Probleme lösen und die Theorien anwenden. Beides zugleich zu erreichen kommt durchaus einer Quadratur des Kreises gleich. Das Dilemma besteht darin, daß komplexe Probleme im Alltag nicht 1:1 abbildbar und in empirische, experimentelle Forschung umsetzbar sind. Die Aufforderung, praxisrelevanter zu forschen, wird zwar bejaht, doch die Umsetzung gelingt häufig nicht. Daß oft wenig praxisnah geforscht wird, ist allerdings nicht nur der Praxisblindheit der Forscher zuzuschreiben, sondern ergibt sich auch aus dem Anspruch, saubere, experimentelle Forschung machen zu wollen (wie es die Lehrer meiner Generation gelehrt haben) – und damit eben nur ein Mosaiksteinchen liefern zu können.

In diesem Zusammenhang sollte besonders die Relevanz von Feldstudien betont werden. Immer noch ist die Sozialpsychologie überwiegend von Laborexperimenten dominiert. Es müßte mehr zum Standard werden, durch einen mehrgleisigen Ansatz (Laborexperimente, Feldstudien und Einzelfallanalysen) ein Phänomen aus verschiedenen Perspektiven zu durchleuchten und somit die Validität von Befunden zu erhöhen.

Ich wünsche mir außerdem, daß Sozialpsychologen sich verstärkt darum bemühen, Anregungen zu geben für die Entwicklung einer verantwortungsbewußteren und humaneren Gesellschaft, die Egoismus und Ellenbogensystem überwindet, und so als Psychologen und Psychologinnen zu gesellschaftlichen Entwürfen der Zukunft beitragen. Gerade sozialpsychologisches Know-how könnte dazu beitragen, die Ideen der Verantwortung von Jonas oder die der Mündigkeit von Kant de facto umzusetzen. Wenn die Sozialpsychologie hierzu nichts beiträgt – welche Disziplin denn dann?

5. *Lücken in der aktuellen Forschung und Theoriebildung:* Es fehlen uns außerdem dringend benötigte Forschungsarbeiten zu Verantwortung und Zivilcourage. Auch wünsche ich mir von den Sozialpsychologen selbst mehr Querdenken und mehr Phantasie bei der wissenschaftlichen Bewältigung von Problemen und der Formulierung neuer Theorien und Modelle. Insbesondere ergeht die Aufforderung an Jungwissenschaftler, mehr Mut zu eigenen Theorien zu haben; dies sollte allerdings voraussetzen, daß man sich auch in der etwas älteren Sozialpsychologie auskennt, damit nicht alle zehn Jahre das Rad neu erfunden wird (wie es in Zeitschriften zu oft der Fall ist).

6. *Psychologie als Disziplin zur Lösung praktischer Probleme:* Sozialpsychologen sollten sich stärker der

aktuellen Probleme in Wirtschaft und Gesellschaft annehmen und hier auch Lösungsmöglichkeiten anbieten. Solange nur individuumsorientiert geforscht wird, verfallen wir in dasselbe Problem wie nahezu alle anderen Disziplinen innerhalb der Psychologie. Sobald sich die Sozialpsychologie dagegen auf ihre Wurzeln besinnt – nämlich Interaktionsverhalten, Gruppenverhalten und Gesellschaft – kann unser Fach auf der Grundlage seines Know-hows weit mehr als bisher (und ganz im Sinne Lewins) praktische Probleme lösen. Daß wir dazu erklärungskräftige und überprüfte Theorien brauchen, wissen wir ebenfalls seit Lewin, denn „nichts ist praktischer als eine gute Theorie".

Das Bild einer Sozialpsychologie, die sich häufig zu wenig um die tatsächlich vorhandenen Probleme und alltäglichen Fragestellungen kümmert, stellt sich im Grunde auch auf der europäischen Ebene, betrachtet man die europäischen Fachzeitschriften oder das europäische Meeting, das alle drei Jahre stattfindet. Im folgenden einige Beispiele für fehlende Forschung und fehlende Diskussionen zu aktuellen und zukünftigen Problemen:

- Welche Erkenntnisse hat die Sozialpsychologie zum Problem der Einführung der europäischen Währungsunion beizutragen? Ich denke dabei an Forschungen über Entstehung und Abbau von Ängsten: Wie kann, nachdem die politischen Rahmenbedingungen gesetzt sind, Akzeptanz gefördert werden?

- Welchen Beitrag leistet die Sozialpsychologie zur Thematik von 17 Millionen Arbeitslosen? Gibt es in der Sozialpsychologie Denkmodelle, wie Arbeit in Arbeitsplätze transformiert werden kann?
- Welchen Beitrag bringt die Sozialpsychologie bezüglich der Demokratisierung und des Aufbaues einer Marktwirtschaft in den osteuropäischen Staaten?
- Welche Impulse setzt die Sozialpsychologie innerhalb der Umweltforschung?
- Welchen Input hat die Sozialpsychologie hinsichtlich des Problems der Umverteilung in den Entwicklungsländern zu bieten (große öffentliche Armut bei relativ hohem privatem Wohlstand)?
- Ganz selten werden auf Kongressen die „blinden Flecken" des Faches diskutiert hinsichtlich Inhalt, Methodik und Theorie. Solche blinde Flecken sind zum Beispiel: Systematische Forschungen über Ausländerfeindlichkeit, über Migrationsbewegungen, über Bedingungen für Synergieeffekte in Teams (bisher hat man sich überwiegend mit Koordinations- und Motivationsverlusten in Teams beschäftigt). Was sind Alternativen zu Ellenbogen und Egoismus: Wie erreicht man Gemeinschaftsdenken? Unter welchen Bedingungen erreicht man schnellen organisatorischen Wandel in Universitäten, Verwaltungen, Betrieben? Unter welchen Bedingungen funktionieren die Managementtechniken wie Kaizen, kontinuierliches Vorschlagswesen? Wo sind Entwürfe von Sozialpsychologen, die am Verbesserungswesen arbeiten? Welche Beiträge liefern wir zum Problem der Kriminalität, zum Problem des

Fundamentalismus, zur Staats- und Politikverdrossenheit? Der Ausgangspunkt sollte immer klar sein: Wenn Sozialpsychologen hier keine Denkanstöße durch psychologisch fundierte Forschung geben – wer dann sonst? Meine These ist, daß hier Kreativpotential, das ich bei den Sozialpsychologen neben theoretischem und methodischem Know-how sehe, geradezu verschleudert wird und man überwiegend an Inhalten arbeitet, die zwar methodisch perfekt sind, deren Anwendungsrelevanz aber doch zu wünschen übrig läßt.

- Hier wie an anderer Stelle wird das Problem von Forschung sichtbar, die abgehoben von der Realität existiert. Sozialpsychologen sind eben, wie viele andere Wissenschaftler, im Setting der Universität geblieben und beziehen ihr Wissen von anderen Forschern und aus Lehrbüchern. Oft haben sie gar nur mit einem Klientel, nämlich den Studenten zu tun. Ganz selten werden Forschungsfreijahre oder längere Zeiten in der Praxis außerhalb der Universität verbracht. Die Konsequenzen werden bei Fachzeitschriften, Kongressen und Lehrbüchern offenbar: alles sehr akademisch, aber ganz selten praktisch umsetzbar. Es soll hier nicht behauptet werden, daß die praktische Umsetzung das Maß aller Dinge ist; die rein akademische Elaboration – viele nennen es auch „Inzucht" oder „Masturbation" – kann jedoch auch nicht das Maß aller Dinge sein.

- Wer nationale oder internationale Kongresse mit ihrer geballten Prominenz von Sozialpsychologen besucht hat, wird relativ schnell desillusioniert sein. Der Autor dieses Artikels nimmt sich da als jemand, der mainstream mitgeprägt und mitgetragen hat, nicht aus, fühlt sich aber mitverantwortlich dafür, daß auch alternative Wege beschritten werden.

7. *Universitäre Binnenmentalität abbauen*: Ein Hauptproblem der universitären Welt ist, daß den Psychologen, und damit auch den Sozialpsychologen, kaum jemand den Spiegel vorhält: Es gibt kein kritisches Feedback von Praktikern, von Geldgebern usw. Eine Alternative zur derzeitigen Praxis könnte darin bestehen, daß die Hälfte der Bewilligungssumme für Forschungsprojekte auch nach dem langfristigen praktischen Nutzen beurteilt wird – und zwar von Praktikern. Damit wäre auf der einen Seite die Chance gewahrt, sogenannte Grundlagenforschung zu betreiben (auch wenn dies das private Hobby des jeweiligen Forschers ist), auf der anderen Seite würde aber auch stärker solche Forschung unterstützt, die auch dem Steuerzahler für die Zukunft nützt. Der Autor ist sich klar, daß hier viele Grundlagenforscher den Kopf schütteln werden, weil sie die Grundlagenforschung in Gefahr sehen; ich sehe ein mindestens ebensogroßes Problem darin, daß Steuerzahler private Hobbys von Forschern bezahlen, die ohne praktischen Nutzen bleiben werden. Es geht mir um eine ausgewogenere Forschung, nicht aber darum, jene abzuwerten, die Grundlagenforschung machen und sich bewußt auch dazu bekennen, daß ihre Forschung keinerlei direkten Anwendungsnutzen hat.

Sozialpsychologen könnten mit Vorreiter für eine neue Universität sein, die sich als „Center of Excellence" definiert und zusammen mit anderen Disziplinen Problemlöseszenarien für Probleme der Gegenwart und Zukunft initiiert. Wo denn sonst – und ich wiederhole mich hier bewußt – sollen solche Entwürfe für die Zukunft, die wissenschaftlich evaluiert und fundiert sind, entwickelt werden, wenn nicht an der Universität und dort auch (wenn auch nicht nur!) von Sozialpsychologen?

Schluß

Natürlich gibt es Ausnahmen in unserem Fach, die dem Ideal nahekommen, wie es mir vorschwebt. Zu diesen Ausnahmen gehört zum Beispiel Serge Moscovici, aber auch Wolfgang Stroebe, um nur zwei hervorzuheben; beide arbeiten interdisziplinär und betreiben sowohl Grundlagenforschung wie angewandte Forschung in unterschiedlichen Settings.

Aufgerufen zur Veränderung sind vor allem die Multiplikatoren unseres Faches, und hier sehe ich besonders diejenigen, die C3-/C4-Positionen mit Lebenspositionen haben und die letztlich querdenken können, weil sie sich nicht mehr durch Mainstreamveröffentlichungen zu profilieren brauchen. Verstärkt sollten sich genau diese Personen definieren als diejenigen, deren Aufgabe es ist, blinde Flecken zu bearbeiten – sowohl im methodischen, als auch im inhaltlichen und theoretischen Bereich.

Folgendes Mißverständnis möchte ich vermeiden: Es geht mir keineswegs darum, dem nicht-sozialpsychologischen Leser einen schlechten Eindruck von unserem Fach zu vermitteln. Wie bereits zu Beginn erwähnt, behaupte ich, daß die Sozialpsychologie im Vergleich zu vielen anderen Teildisziplinen des Faches Psychologie international präsent und anerkannt ist. Die theoretische und methodische Ausbildung an den Universitäten ist im Fach Sozialpsychologie als gut zu betrachten. Wichtig scheint mir aber, daß wir mehr als bisher unser praxisrelevantes Wissen, unser Know-how und unser Potential dafür nutzen, auch Probleme der Realität zu lösen – sowohl national wie international. Diese praktischen Kompetenzen besitzen wir bereits und wir können sie umsetzen, wenn wir uns vom Anspruchsniveau und Selbstverständnis her mehr denn je an Kurt Lewin orientieren.

Schließlich ist es für die Sozialpsychologie (wie auch für die Psychologie als Ganzes) an der Zeit, sich Gedanken über das zugrundeliegende Menschenbild zu machen und dieses zu explizieren. Was die Ökonomie uns wirklich voraus hat, ist das Gerüst des „homo oeconomicus", das – auch wenn man es im Detail kritisieren mag – immerhin dafür sorgt, daß sich die Vertreter ganz unterschiedlicher Gebiete innerhalb der Ökonomie verständigen können. Wo ist der „homo psychologicus" als möglicher Gegenentwurf hierzu?

Literatur

Bierhoff, H. W. (1993). *Sozialpsychologie.* Stuttgart: Verlag W. Kohlhammer.

Frey, D. (1994). Bedingungen für ein Center of Excellence. *IBM-Nachrichten – Magazin für Technologie und Lösungen, Dezember 1994*, 50-57.

Frey, D. & Greif, S. (Hrsg.) (1994). *Sozialpsychologie – Ein Handbuch in Schlüsselbegriffen.* Weinheim: Psychologie Verlags Union.

Frey, D. & Irle, M. (Hrsg.) (1993). *Theorien der Sozialpsychologie.* (Band I: Kognitive Theorien – Band II: Gruppen- und Lerntheorien – Band III: Motivations- und Informationsverarbeitungstheorien). Bern: Huber Verlag.

Frey, D. & Schuster, B. (1996). Innovative Unternehmenskulturen: Wege zum Center of Excellence. *Absatzwirtschaft – Zeitschrift für Marketing, 2*, 42-46.

Frey, D., Stahlberg, D., & Gollwitzer, P. (1993). Einstellung und Verhalten: Die Theorie des überlegten Handelns und die Theorie des geplanten Handelns. In D. Frey & M. Irle (Hrsg.), *Theorien der Sozialpsychologie, Band I: Kognitive Theorien* (S. 361-398). Bern: Huber Verlag.

Gollwitzer, P. (1991). *Abwägen und Planen – Bewußtseinslagen in verschiedenen Handlungsphasen.* Göttingen: Hogrefe Verlag.

Herkner, W. (1991). *Lehrbuch Sozialpsychologie.* Bern: Huber Verlag.

Irle, M. (1975). *Lehrbuch der Sozialpsychologie.* Göttingen: Hogrefe Verlag.

Maass, A., West, S. G. & Clark, R. D. (1993). Soziale Einflüsse von Minoritäten in Gruppen. In D. Frey & M. Irle (Hrsg.), *Theorien der Sozialpsychologie, Band II: Gruppen- und Lerntheorien* (S. 65-91). Bern: Huber Verlag.

Stroebe, W., Hewstone, M., Codol, J.-P. & Stephenson, G. M. (Hrsg.) (1992). *Sozialpsychologie – Eine Einführung.* Berlin: Springer Verlag.

Witte, E. H. (1994). *Lehrbuch der Sozialpsychologie.* Weinheim: Psychologie Verlags Union.

Biologische Psychologie

Rainer Schandry

Einführung

Was verrät uns der Name „Biologische Psychologie“ über das Fach? Zunächst einmal, daß hier wohl irgendwie Biologie und Psychologie zusammenkommen. Schnell stellen sich da Assoziationen ein zu Begriffspaaren wie: Physis und Psyche, Körper und Geist, Leib und Seele. Ist womöglich das Leib-Seele-Problem das zentrale Thema der Biologische Psychologie? Das *zentrale* Thema wohl kaum, gehört dies doch *sui generis* zur Domäne der Philosophie, wo es gerade jetzt interessanterweise wieder eine Renaissance erlebt (s.u.). Doch auch wir sehen uns nicht selten damit konfrontiert, schließlich geht es in unserem Fach um die Erklärung psychophysischer Zusammenhänge. Wie schnell ist man bei der Bearbeitung zunächst unverfänglicher Themen bei dem Punkt, der den Übergang zwischen unserer naturwissenschaftlich orientierten Disziplin und der Problemwelt der Philosophie markiert. Nehmen wir als Beispiel die Frage nach dem Zusammenhang zwischen der Motivation und neuronalen Prozessen. Kein Zweifel, wir kennen Gehirngebiete, die quasi Ausgangsstationen motivierten Verhaltens sind. So wissen wir aus der Neuropsychologie, daß sich bei Schädigungen im Bereich des Stirnhirns schwere Einbußen bei der Durchführung motivierten Handelns einstellen können. Auch der Tierversuch lehrt uns, daß hier im frontalen Bereich der Hirnrinde Gruppen von Nervenzellen sitzen, die motiviertes Handeln steuern. Aber wo wird die Kontrolle darüber ausgeübt, ob aus einer Idee ein Motiv entsteht, ob ein Luftschloß ein Luftschloß bleibt? Hat es Sinn, auch nach dieser Instanz, dem sog. „freien Willen“ (d.h. dessen neuronaler Basis) zu fragen und zu suchen (vgl. dazu Libet, 1985), oder sollen wir als Wissenschaftler davor haltmachen? Dies wird wohl nicht zuletzt auch davon bestimmt, wie unsere ganz persönliche Stellung zum Leib-Seele-Problem ist und welcher Grundposition wir am ehesten zuneigen.

Die prinzipielle Grundannahme der Biologischen Psychologie (Biopsychologie) ist, daß eine Verknüpfung herrscht zwischen neuronalen Systemen (und deren Substrukturen bis hinab zu makromolekularen Einheiten) und den Prozessen des Erlebens und Verhaltens. Auf der Basis dieser Grundannahme wird der Versuch unternommen, Prozesse, die sich auf der Ebene des Erlebens und Verhaltens abspielen, nicht nur zu neuronalen Phänomenen in Bezug zu setzten, sondern sie auch auf dieser Basis zu erklären. Damit herrscht über weite Strecken der Grundansatz des „Biologischen Reduktionismus“ als Arbeitsgrundlage. Dieser darf allerdings nicht so verstanden werden, als versuchte man, alle Fragen der Psychologie soweit zu verkleinern, daß sie einer biologischen Betrachtung zugänglich sind. Gerade in der Biologischen Psychologie ist man sich der vielfältigen Interdependenzen und der hochgradigen Vernetztheit psychischer Prozesse bewußt. Es wird sehr wohl gesehen, daß für viele Fragestellungen der Psychologie die Sprache und das wissenschaftliche System der Neurobiologie (noch) nicht in der Lage sind, Lösungen anzubieten. Die

Problemwelten liegen oft zu weit auseinander, um an Lösungsstrategien zu denken, die sich in ökonomischer Weise verwirklichen lassen.

Dennoch wächst stetig die Zahl psychischer Phänomene, insbesondere im Bereich *gestörten* Verhaltens, die zumindest ansatzweise auf der Basis neuronaler Prozesse erhellt werden konnten. Beispiele hierfür finden sich etwa in der Schizophrenieforschung, in den biopsychologischen Erklärungsansätzen zum hyperkinetischen Syndrom und in Modellen zur Entstehung und Aufrechterhaltung von Suchterkrankungen.

Eine psychologiehistorische Randbemerkung

Die Ursprünge der Biopsychologie innerhalb der modernen wissenschaftlichen Psychologie zu lokalisieren, fällt nicht schwer. Im Werk der beiden Männer, die man gerne als die Väter der heutigen Psychologie bezeichnet, nämlich *Wilhelm Wundt* und *William James*, ist biopsychologisches Denken stets präsent. *Wundt* und *James* absolvierten beide ein Medizinstudium, wobei sie sich speziell der Physiologie zugewandt hatten. Von dort aus - und gleichzeitig versehen mit einem tiefen Interesse für die Philosophie - führte beider Weg zur Psychologie. Das Thema von *James'* erster akademischer Lehrveranstaltung in Harvard war „*Relations between Psychology and Physiology*". Die erste Vorlesung, die Wundt in eigener Verantwortung abhielt, befaßte sich mit der „*Psychologie als Naturwissenschaft*"; sein erstes großes Werk trug den Titel „Prinzipien der Physiologischen Psychologie". Die

Geburtsstunde der modernen Psychologie war damit auch die Geburtsstunde der Biologischen Psychologie. Man ist versucht zu fragen, ob dies ein Zufall ist, der lediglich in der Biographie der beiden Männer liegt, oder ob es nur auf dieser Ausgangsbasis gelingen konnte, die Psychologie aus dem Reich der Philosophie herauszuführen, um sie in den Rang einer eigenständigen Wissenschaft zu erheben.

Aus dieser Perspektive heraus ist es besonders reizvoll zu beobachten, wie sich seit ungefähr zwei Jahrzehnten bestimmte Strömungen der Philosophie auf dem Weg über die Neurobiologie der Psychologie nähern. Es wird versucht, erneut das Problem des Bewußtseins anzugehen, allerdings unter dem Einschluß der Erkenntnisse aus den Neurowissenschaften. Dazu trugen verschiedene wissenschaftliche Entdeckungen und Entwicklungen bei. Ein Ausgangspunkt waren die Erfolge im Bereich der Künstlichen Intelligenz, an die sich die Frage anschloß, ob es überhaupt bestimmte psychische Leistungen geben kann, die prinzipiell von einem Computer *nicht* erbracht werden können (z.B. Emotion, Bewußtsein), sondern nur dem Menschen eigen sind. Ein anderer Anstoß kam seitens der Befunde bei sog. *Split-Brain-Patienten*, bei denen die beiden Hirnrindenhemisphären teilweise entkoppelt arbeiten. Es stellte sich die Frage, ob nun das Bewußtsein dort zu lokalisieren sei, wo auch der Sitz der Sprache ist (im allgemeinen in der linken Hemisphäre) oder ob wir hier ein links- und ein rechtshemisphärisches Bewußtsein postulieren müssen. Beobachtungen an anderen Patienten mit Hirnschädigungen lenkten ebenfalls die Aufmerksamkeit auf das Bewußtsein. Man beobachtete seitens der Neuropsychologie, daß bestimmte Patienten - etwa nach einem Schlaganfall - nur *eine* Hälfte ihrer Umgebung (etwa alles, was sich auf der rechten Seite befindet) bewußt wahrnehmen, während die Elemente der anderen Hälfte vom Bewußtsein vernachlässigt werden (das Phänomen des *Neglect*).

Die neu auflebende Auseinandersetzung mit Fragen zum Bewußtsein wird interessanterweise von Wissenschaftlern ganz unterschiedlicher Disziplinen betrieben. Auf diesem Weg befinden sich Philosophen (z.B. *John Searle, David Dennett*) in der Begleitung von Physikern (z.B. *Roger Penrose*), Neurophysiologen (z.B. *Wolf Singer, John Eccles*), Psychologen (z.B. *Ernst Pöppel*) und Neuropsychologen (z.B. *Antonio Damasio*). Allen gemeinsam ist die explizite Einbeziehung neuronaler Prozesse in ihre Beschäftigung mit dem Problem „Bewußtsein".

Vorgehensweise und Ziele der Biologischen Psychologie

Die Biologische Psychologie ist dasjenige Teilgebiet der Psychologie, das zum Studium und zur Erklärung menschlichen Verhaltens und Erlebens einen biologischen (im allgemeinen *neuro*biologischen) Zugang wählt. Dies bedeutet, daß biologische Prozesse als *Basis*vorgänge für unser Verhalten gesehen werden, und daß auf dieser Grundlage unser Verständnis menschlichen Verhaltens erweitert werden soll. Unter „biologischen Prozessen" sind dabei primär solche Vorgänge zu verstehen, die sich im *menschlichen* Organismus selbst abspielen. Dagegen gehören diejenigen Abläufe in biologischen Systemen, die sich uns am ehesten durch die Beobachtung *tierischer* Verhaltensweisen unter natürlichen Bedingungen erschließen, nicht zu den engeren Fragestellungen der Biologischen Psychologie. Dies ist eher Gegenstand der *Psychobiologie* (hier insbesondere der *Ethologie)*, bei der die *Biologie* als Wissenschaft im Zentrum steht und in erster Linie komplexe biologische Systeme, etwa Tiersozietäten, untersucht werden.

Die Biopsychologie ist als ein Teilgebiet der *Neurowissenschaft* zu verstehen. Letztere hat wiederum die Gesamtheit derjenigen Vorgänge zum Thema, die mit neuronalen Strukturen und Prozessen zusammenhängen. Daß sich eine große Zahl von Psychologen selbst zu der Gruppe der Neurowissenschaftler zählt, wird deutlich, wenn man die Mitgliederzahlen der *Society for Neuroscience* (derzeit etwa 23.000 Mitglieder) hinsichtlich der dort vertretenen Berufsgruppen betrachtet. Hier stehen die Psychologen an der Spitze. Die Verwandtschaft zwischen den Neurowissenschaften und der Biologischen Psychologie kommt auch darin zum Ausdruck, daß der Begriff *Behavioral Neuroscience* im angelsächsischen Sprachraum vermehrt als Synonym für Biologische Psychologie verstanden wird[1].

Während man bis vor einigen Jahren unser Fach zumeist „Physiologische Psychologie" nannte, bürgert sich nun mehr und mehr die Bezeichnung „Biologische Psychologie" bzw. „Biopsychologie" ein. Dies ist tatsächlich angemessener, da eben nicht nur *physiologische* Vorgänge betrachtet werden, sondern u.a. auch neuroanatomische, zellbiologische und biochemische.

---

[1] Der analoge deutsche Begriff „Verhaltensneurobiologie" beginnt bei uns nur sehr zögernd Fuß zu fassen.

Die Biopsychologie wird häufig in bestimmte Teildisziplinen untergliedert. Es herrscht in der modernen (Lehrbuch-)Literatur ein gewisses, wenn auch nicht vollständiges, Einvernehmen darüber (vgl. Birbaumer & Schmidt, 1996; Pinel, 1993), welche Teilfächer die Biologische Psychologie ausmachen. Drei Fachrichtungen sind hier vor allem zu nennen:

1. Die PHYSIOLOGISCHE PSYCHOLOGIE versucht in möglichst *direkter* Weise, Verhaltensphänomene durch Prozesse des Zentralnervensystems (insbesondere des Gehirns) zu erklären. Sie ist sehr stark grundlagenwissenschaftlich orientiert, untersucht also die Phänomene in erster Linie zum Zwecke der Theoriebildung und der Entwicklung breit einsetzbarer Erklärungsmodelle. Der unmittelbare Anwendungsaspekt steht hier im Hintergrund. Bei experimentellen Untersuchungen dienen im allgemeinen Verhaltensparameter als abhängige Variablen, während auf der biologischen Ebene experimentell manipuliert wird. Dies geschieht etwa durch elektrische Stimulation, neurochemische Manipulation und chirurgische Eingriffe. Demgemäß ist das Vorgehen der Physiologischen Psychologie über weite Strecken *tierexperimentell*, allerdings stets mit dem Ziel, auf der Grundlage der so gewonnenen Befunde menschliches Verhalten aufzuklären. Einige Beispiele für Themengebiete der Physiologischen Psychologie sind die Basisprozesse bei der visuellen Wahrnehmung, die Erforschung der Grundlagen des Lernens und das Studium der Wechselwirkung zwischen Hormonen und Verhalten.

2. Die NEUROPSYCHOLOGIE befaßt sich mit Störungen im menschlichen Verhalten, die auf Schädigungen des Gehirns (durch Krankheiten, Verletzungen oder neurochirurgische Eingriffe) zurückgehen. Durch die Zuordnung der beobachteten Verhaltensdefizite zu den vorliegenden (im allgemeinen genau lokalisierbaren) Gehirnläsionen ist häufig ein Rückschluß auf die Bedeutung der geschädigten Region für das Verhalten beim gesunden Menschen möglich. Die Neuropsychologie ist das am stärksten anwendungsbezogene Fach der Biologischen Psychologie.
   Das Hauptanliegen der Neuropsychologie ist noch vor dem wissenschaftlichen Erkenntnisgewinn die Verbesserung der Situation der betroffenen Patienten. Dazu gehört zum einen die Konstruktion und Anwendung sehr ausdifferenzierter diagnostischer Instrumente, zum anderen die Entwicklung von gezielten Rehabilitationsmaßnahmen.

3. Die PSYCHOPHYSIOLOGIE untersucht das Wechselspiel zwischen biologischen und psychischen Vorgängen in erster Linie am Menschen. Sie operiert auf der Basis eines Mehr-Ebenen-Ansatzes menschlichen Verhaltens, der neben der subjektiv-verbalen Ebene den Bereich der physiologischen Prozesse und denjenigen des offenen motorischen Verhaltens in die Beobachtung einbezieht. Das Methodenarsenal der Psychophysiologie entstammt überwiegend dem Bereich der humanmedizinischen Diagnostik und gestattet beispielsweise die Beobachtung hirnelektrischer Vorgänge, der Aktivität des Herz-Kreislaufsystems, der Muskulatur und der

Haut. Neben den primär elektrophysiologischen Diagnoseverfahren werden im Bereich der Psychophysiologie auch zunehmend biochemische und zellbiologische Indikatoren des Hormon- und des Immunsystems herangezogen. Die Psychophysiologie sieht eine ihrer wichtigsten Forschungsaufgaben darin, immer empfindlichere physiologische Indikatoren zu identifizieren, die dazu geeignet sind, psychische Prozesse auf nicht-verbalem Wege zu studieren. Während sich die *physiologische Psychologie* nahezu ausschließlich auf Gehirnvorgänge konzentriert, bezieht die *Psychophysiologie* dabei auch den Bereich vegetativer Reaktionen mit ein. Typische Forschungsgegenstände der Psychophysiologie sind etwa die Phänomene Schlaf, Streß, Emotion, Belastung/Beanspruchung am Arbeitsplatz und die Analyse kognitiver Prozesse auf der Basis von Gehirnfunktionen.

Speziell die *Klinische Psychophysiologie* befaßt sich mit den Begleiterscheinungen psychischer Erkrankungen auf der körperlichen Ebene. Dazu gehören etwa Fragen nach den Veränderungen von EEG-Reaktionen bei schizophrenen Patienten, den vegetativen Reaktionen bei Angst-Patienten und dem Einsatz von Biofeedback-Verfahren in der Schmerztherapie.

Nicht selten wird auch die PSYCHOPHARMAKOLOGIE zu den Subdisziplinen der Biologischen Psychologie gezählt (vgl. Pinel, 1993). Ihr Hauptziel ist die Erklärung der Wirkung von Pharmaka und Drogen auf das menschliche Verhalten. Da die meisten Psychopharmaka die Wirkung natürlicher, im menschlichen Organismus vorkommender Substanzen verstärken, abschwächen oder imitieren, kann die Psychopharmakologie helfen, die Bedeutung und Wirkungsweise körpereigener psychoaktiver Stoffe aufzuklären.

Das Hauptziel der Psychopharmakologie ist naturgemäß die Entwicklung von Pharmaka. Bei der Überprüfung der Wirkung dieser Stoffe bedient sie sich u.a. der Methode der Psychophysiologie sowie neuropsychologischer Testverfahren.

Die verschiedenen Subdisziplinen der Biologischen Psychologie überlappen sich in vielen Bereichen. So ist etwa ein Anliegen in der Psychopharmakologie, nämlich die Wirkung neuroaktiver Substanzen auf das Verhalten zu studieren, auch ein Thema der Physiologischen Psychologie, zumindest insofern als es sich bei den Substanzen um natürliche, im Organismus vorkommende Stoffe wie etwa Hormone oder Neurotransmitter handelt. Auch für die Psychophysiologie und die Physiologische Psychologie finden sich eine Reihe verwandter Fragestellungen. Man denke etwa an den Bereich der Schlafforschung: Ein Thema der Physiologischen Psychologie wäre z.B., welche Gehirnstrukturen als Taktgeber für die periodischen Abläufe im Schlaf dienen, die Psychophysiologie wäre eher daran interessiert, wie sich die verschiedenen Schlafperioden auf der Basis physiologischer Begleitprozesse möglichst präzise identifizieren lassen und welche Bedeutung ihnen zukommt.

Die Biopsychologie in der Lehre

Die Untergliederung der Biologischen Psychologie in die genannten Teilbereiche findet in gewissem Umfang ihre Widerspiegelung in der universitären Lehre im Rahmen des Psychologie-Studiums. Die Biologische Psychologie als Gesamtgebiet wird an fast allen Universitäten innerhalb des Grundstudiums unterrichtet. Eine Vertiefung der Teildisziplinen Psychophysiologie, Neuropsychologie und (mit geringerer Verbreitung) Psychopharmakologie findet überwiegend in Vorlesungen und/oder Seminaren des Hauptstudiums statt.

Wie allerdings eine Erhebung von *Pawlik* und *Sammer* (1990) ergeben hat, wird die Biologische Psychologie als Veranstaltung des Grundstudiums (im allgemeinen als Vorlesung) immer noch sehr häufig im Sinne von „Physiologie in den für die Psychologie bedeutsamen Ausschnitten“ verstanden und angeboten. Insbesondere wenn dieses Lehrangebot von Fachvertretern aus dem Bereich der Medizin wahrgenommen wird, dürften in erster Linie Neurophysiologie und Neuroanatomie unterrichtet werden und die Zusammenhänge mit den psychischen Phänomenen und Funktionen in den Hintergrund treten. Es ist indes davon auszugehen, daß die seit einigen Jahren wachsende Zahl von Professuren für Biologische Psychologie an den Psychologischen Instituten eine Verbesserung der Situation mit sich bringt.

Nachdem die Rahmenprüfungsordnung für die Diplomprüfung im Studiengang Psychologie an den meisten Universitäten umgesetzt wurde, ist die Biopsychologie *obligatorischer* Gegenstand der Diplom-Vorprüfung. Inwieweit Inhalte der Biologischen Psychologie im Hauptstudium angeboten werden und mit welchem Stellenwert sie versehen sind, variiert dagegen sehr stark. Die Erhebung von *Pawlik* und *Sammer* hat in diesem Zusammenhang ergeben, daß an 14 von 20 Instituten/Fachbereichen die Diplom-Prüfungsordnungen biologisch-psychologische Fächer und Teilfächer für die Diplom-Prüfung vorsehen. Am häufigsten werden hier die Fächer Psychophysiologie und Neuropsychologie genannt. Gelegentlich werden aber auch Psychoendokrinologie und Verhaltensmedizin als prüfungsrelevante Fächer angeboten.

Die Fachgruppe „Biologische Psychologie" der Deutschen Gesellschaft für Psychologie empfiehlt die Verankerung der Biopsychologie innerhalb des Psychologiestudiums mit mindestens sechs bis acht Semesterwochenstunden. Darüber hinaus hält sie es für erstrebenswert, den Studierenden im Studiengang Psychologie vermehrt die Gelegenheit zu bieten, sich auch im Rahmen eines (Forschungs-)Vertiefungsfachs mit biopsychologischen Aspekten auseinanderzusetzen.

Es ist zu erwarten, daß in den nächsten Jahren die Lehre in biopsychologischen Fächern zunehmen wird. Dieser Trend ist an einzelnen Universitäten bereits jetzt zu beobachten. Gründe dafür sind:

a) Als Folge der unverkennbaren Fortschritte neuropsychologischer Rehabilitation zeigt sich ein steigendes Angebot an Spezialisierungsmöglichkeiten für angehende Psychologen im Fach Neuropsychologie.

b) Die zunehmende Etablierung gesundheitswissenschaftlicher (Aufbau-)Studiengänge macht es erforderlich, auch im normalen Curriculum der Psychologenausbildung diesbezügliches Grundlagenwissen zu vermitteln.

c) Seitens aller Organisationen des Gesundheitswesens wird zunehmend die Bedeutung von Prävention und Rehabilitation im Zusammenhang mit chronischen Krankheiten beachtet. Dies macht den vermehrten Einsatz verhaltensmedizinischer Konzepte und Programme notwendig (s.u.). Hierauf müssen die angehenden Psychologen, von denen ein großer Teil später im Bereich des Gesundheitswesens tätig sein wird, im Studium in angemessener Weise vorbereitet werden.

d) Die Neurowissenschaften sind im Bereich der Bio- bzw. Humanwissenschaften neben der Genforschung derjenige Zweig, der gegenwärtig das größte Innovationspotential aufweist (s.u.). Die Universitäten haben den Auftrag, den reichhaltigen Forschungsertrag aus diesen Sektoren in die von ihnen angebotene wissenschaftliche Ausbildung zu integrieren.

Chancen und Herausforderungen für die Biologische Psychologie

In der gegenwärtigen Wissenschaftslandschaft ist ein Wandel beobachtbar, der überaus günstige Rahmenbedingungen für die Weiterentwicklung unseres Fachs verspricht. Dazu tragen verschiedene fachspezifische, aber auch globale und über die Einzeldisziplinen hinausgreifende Trends bei.

Der Kontakt zwischen der Psychologie und den Biowissenschaften wird enger

Einige Entwicklungstendenzen der modernen Psychologie werden dazu führen, daß die Verzahnungen zwischen verhaltenswissenschaftlichen und biowissenschaftlichen Fragestellungen und Methoden weiter fortschreitet. Dies wird etwa deutlich an zwei jungen Subdisziplinen der Psychologie, der *Kognitionswissenschaft*, im Sinne von *cognitive science* (bzw. *cognitive neuroscience)*, und der *Gesundheitspsychologie.*

Als ein wichtiges Element der moderne Kognitionswissenschaft gilt neben der experimentellen Psychologie und der Informatik die Neurowissenschaft (vgl. Kosslyn & Shin, 1992; Sperry, 1993). Derjenige Bereich der Neurowissenschaft, der hier zum Tragen kommt, bezieht sich auf Gehirnprozesse auf der Makroebene, also etwa die Funktion bestimmter Gehirnareale und größerer funktioneller Einheiten. Sowohl Befunde aus der Physiologischen Psychologie als auch aus der Neuropsychologie werden dabei integriert. Insbesondere im konnektionistischen Ansatz wird massiv auf Modelle zurückgegriffen, die auf der Basis des neuronalen Zusammenspiels (im Sinne *neuronaler Netzwerke*) entwickelt wurden.

Die Gesundheitspsychologie (einschließlich der Rehabilitationsforschung) setzt sich u.a. damit auseinander, wie die psychosozialen Rahmenbedingungen einerseits für die Gesunderhaltung des Organismus', andererseits für eine zügige Rehabilitation nach körperlicher oder psychischer Krankheit beschaffen sein müssen. Zwar steht hier die Verhaltensebene hinsichtlich Theoriebildung und Entwicklung von Strategien im Vordergrund, jedoch sind die Zielgrößen meist medizinische Parameter im Sinne von Krankheitsindikatoren. Ohne fundiertes Grundwissen über das Funktionieren der Organe und über die Pathologie der wichtigsten Zivilisationskrankheiten ist gesundheitspsychologisches Arbeiten nicht denkbar. Wenn auch diese Kenntnisse im allgemeinen nicht zum engeren Gegenstandskatalog der Biologischen Psychologie gezählt werden, so sollte sie (etwa nach dem Verständnis von Birbaumer & Schmidt, 1996) auch den Zugang zu den physiologischen Basisprozessen nicht nur des Nervensystems, sondern des menschlichen Körpers überhaupt liefern.

Die Gesellschaft fordert neue Schwerpunktsetzungen in der Wissenschaft

Im Bereich Forschung und Entwicklung waren die letzten drei Jahrzehnte von großen Anstrengungen (ermöglicht v.a. durch staatliche Fördermittel) im technisch-naturwissenschaftlichen Sektor dominiert. Zentrale Aufgabenstellungen waren etwa die Weiterentwicklung der Kernenergietechnik, die bemannte Raumfahrt, die Elementarteilchenphysik und die Entwicklung neuer Waffensysteme. In diesen Gebieten zeichnet sich heute ein deutlicher Rückgang des Engagements seitens der Politik ab. Dies ist eine Folge der sich global ändernden gesellschaftlichen und politischen Rahmenbedingungen. Damit einhergehend ist weiten Kreisen der Bevölkerung das schwerpunktmäßige Engagement für diese Bereiche nicht mehr verständlich zu machen. Es wird zunehmend erkannt – und dies insbesondere auch in den Medien vermittelt –, daß heutzutage in den *Human- und Biowissenschaften* ein enormer Forschungsbedarf besteht. Dies wird z.B. deutlich an ungelösten Problemen wie den bisher nicht einzudämmenden Suchtkrankheiten, der unkontrollierten Ausbreitung der HIV-Erkrankungen in der Dritten Welt wegen zu geringen Risikobewußtseins, den nur mäßigen Erfolgen im Kampf gegen Morbus Alzheimer und der mangelnden Effektivität gesundheitlicher Präventionsmaßnahmen bei den großen Zivilisationskrankheiten. Viele dieser Probleme sind nur lösbar bei gemeinschaftlichem Einsatz verhaltenswissenschaftlicher und biomedizinischer Erkenntnisse und Methoden.

Für die Neurowissenschaften (und damit auch für die Biopsychologie) liegt gewissermaßen eine glückliche Fügung darin, daß gleichzeitig mit diesem Umschwung im forschungspolitischen Klima eine Ära völlig neuer und aufsehenerregender Methoden angebrochen ist. So ist es seit einigen Jahren möglich, Einblick in das Gehirn zu nehmen, ohne daß dazu der Schädel geöffnet werden müßte, und dabei Bilder von fotografischer Genauigkeit zu gewinnen. Es können damit etwa bei Patienten mit Hirnschädigungen sehr genau die betroffenen Bereiche lokalisiert werden, was wiederum eine Zuordnung der gleichzeitig beobachteten Verhaltensdefizite zu diesen Bereichen gestattet. Darüber hinaus erlauben es andere Verfahren, dem Gehirn quasi bei der Arbeit zuzuschauen (sei es beim Gesunden oder beim Patienten), um z.B. zu erkennen, welche Hirnregionen bei welchen psychischen Prozessen aktiviert werden. Die modernen Methoden der Zellbiologie vermitteln uns seit einigen Jahren Kenntnisse davon, wie man sich die zellulären Basisprozesse von Lernen und Gedächtnis vorzustellen hat, welche chemischen Substanzen eine Rolle spielen und wie genetische Faktoren zum Tragen kommen.

Ebenso überraschend und beeindruckend sind die Ergebnisse aus dem Bereich der Psychoneuroimmunologie und der Neuroendokrinologie. Seit gezeigt werden konnte, wie direkt die Zusammenhänge zwischen Immunparametern und alltäglichen Belastungen etwa im psychosozialen Bereich sind (vgl. Kiecolt-Glaser et al., 1993) oder wie stark einzelne Verhaltensdaten mit der Konzentration bestimmter Sreßhormone kovariieren (vgl. Malarkey et al., 1994), scheint die Erforschung der Entstehungsbedingungen psychosomatischer Krankheiten im Rahmen eines biopsychosozialen Ansatzes heute vielversprechender denn je zuvor.

Die Beschäftigung der Öffentlichkeit mit Fragen der Hirnforschung fand ihren Niederschlag darin, daß der Kongreß der Vereinigten Staaten das letzte Jahrzehnt dieses Milleniums als *The Decade of the Brain* proklamierte. Dies hat sein Ziel nicht verfehlt. Sowohl in den USA als auch in Westeuropa wurde die Aufmerksamkeit weiter Kreise in Wissenschaft und Gesellschaft auf das Gehirn als Forschungsgegenstand gerichtet und es wurden einschlägige internationale Forschungsprogramme etabliert (etwa das *Human Frontier Science Program*). Eine weitere Widerspiegelung findet das zunehmende Interesse an der Hirnforschung in der Tatsache, daß in den letzten fünf Jahren allein im deutschsprachigen Raum etwa zwanzig populärwissenschaftliche Werke erschienen sind, die sich mit dem Gehirn befassen.

Nicht ohne Konsequenzen für die Akzeptanz und die Entwicklung unseres Faches ist das Umdenken im Bereich des Gesundheitswesens. Nachdem die Medizin der letzten Jahrzehnte von einer primär technisch-apparativ ausgerichteten Diagnostik (mit unbestritten großen Erfolgen), begleitet von einer vorzugsweise pharmakologisch ausgerichteten Therapie geprägt war, wird dies zunehmend sowohl von den Trägern der Gesundheitsversorgung als auch von den Patienten kritisch hinterfragt. Bekanntermaßen steigen, u.a. bedingt durch den technischen Aufwand, die Krankheitskosten in nicht mehr bezahlbare Größenordnungen, und die Patienten erleben dabei häufig diese Art von Medizin als unangemessen und vermissen den ganzheitlichen Ansatz, der Psyche *und* Physis einbezieht.

Die Biologische Psychologie, die sich ja nicht nicht auf Hirnforschung beschränkt, ist eine, wenn nicht *die* Basiswissenschaft der *Verhaltensmedizin*. Insbesondere für den Bereich der sog. Streßkrankheiten liefert sie in der Ausbildung der angehenden Psychologen und Mediziner das grundlagenwissenschaftliche Rüstzeug für einen verhaltensmedizinischen Ansatz. Dies ermöglicht sowohl ein tieferes Verständnis der Pathogenese solcher Erkrankungen als auch der Wirkmechanismen psychosozial orientierter Therapieverfahren (Beispiele sind etwa chronische Schmerzzustände ohne organische Ursache, vegetative Dysfunktionen, Eßstörungen).

Die zukünftige Entwicklung läßt erwarten, daß an die Neurowissenschaften und damit auch an die Biopsychologie Fragestellungen von beachtlicher Relevanz herangetragen werden. Unser Fach befindet sich an der Schnittstelle zwischen Medizin und Verhaltenswissenschaft, wobei es sich der Methoden beider Disziplinen bedient. Es ist daher in dem Moment besonders gefordert, in dem von den Humanwissenschaften integrative Lösungen erwartet werden.

Literatur

Birbaumer, N. & Schmidt, R. F. (1996). *Biologische Psychologie*. Berlin: Springer Verlag.

Kiecolt-Glaser, J.K., Malarkey, W.B., Chee, M., Newton, T. Cacioppo, J.T., Mao, H.Y. & Glaser, R. (1993). Negative behavior during marital conflict is associated with immunological down-regulation. *Psychosomatic Medicine, 55*, 395-409.

Kosslyn, S.M. & Shin, L.M. (1992). The status of cognitive neuroscience. *Current Opinion in Neurobiology, 2*, 146-149.

Libet, B. (1985). Unconscious cerebral initiative and the role of conscious will in voluntary action. *Behavioral and Brain Sciences, 8*, 529-566.

Malarkey, W.B., Kiecolt-Glaser, J.K., Pearl, D., & Glaser, R. (1994). Hostile behavior during marital conflict alters pituitary and adrenal hormones. *Psychosomatic Medicine, 56*, 41 - 51.

Pawlik, K. & Sammer, G. (1990). Ausbildung in Biologischer Psychologie. *Psychologische Rundschau, 41*, 161 - 167

Pinel, J.P.J. (1993). *Biopsychology*. Boston: Allyn and Bacon.

Sperry, R.W. (1993). The impact and promise of the cognitive revolution. *American Psychologist, 48*, 878 - 885.

100 JAHRE PÄDAGOGISCHE PSYCHOLOGIE

Eine Wissenschaft auf der permanent erfolgreichen Suche nach ihrem Gegenstand - ohne ihn bisher gefunden zu haben

F. E. Weinert

Was sagt der Name einer Wissenschaft über ihren Gegenstand aus? Vieles, oft aber auch allzu vieles, wie sich am Beispiel der Pädagogischen Psychologie zeigen läßt. Vor allem im deutschsprachigen Bereich gibt es eine langwellige Periodik an- und abschwellender Debatten über das, was Pädagogische Psychologie ist oder sein sollte – eine Debatte, die eher auf die Zwangshaftigkeit der beteiligten Wissenschaftler verweist, als daß sie für die Fruchtbarkeit einer solchen normativen Fachdiskussion spricht. Immer wieder vertreten, aber gleichzeitig auch bestritten wird die These, die Pädagogische Psychologie sollte sich mit der Gewinnung, Sammlung und Vermittlung jener psychologischen Erkenntnisse befassen, die für theoretisch interessierte oder praktisch tätige Pädagogen von Nutzen sein könnten. „Purer Eklektizismus!" ruft ein Chor von Kritikern und will das Fach als systematische Anwendung psychologischer Themen und Theorien auf pädagogische Sachverhalte definiert wissen. „Zu allgemein", mäkeln die einen und wollen Pädagogische Psychologie auf die Analyse des schulischen Lehrens und Lernens beschränken; „zu speziell" meinen die anderen und verlangen von dieser wissenschaftlichen

Disziplin die Suche nach psychologischen Erkenntnissen zur Beschreibung, Erklärung, Vorhersage, Optimierung und Evaluation der institutionellen wie der außerinstitutionellen Sozialisations-, Erziehungs-, Unterrichts- und Instruktionsprozesse. Genug der vielfältigen Aufgabenbestimmungen und Definitionsprobleme für eine Disziplin, die theoretisch und praktisch immer dann am fruchtbarsten ist, wenn sie sich jenseits solcher Klassifikationsbemühungen mit interessanten Fragestellungen der Beeinflussung menschlicher Entwicklungs-, Lern- und Erkenntnisvorgänge beschäftigt. Davon soll im folgenden ohne jedes systematische Korsett die Rede sein.

Märchenhafte Gründerjahre

Es war einmal eine Zeit – vor hundert und mehr Jahren –, da hatten viele Pädagogen und Psychologen die Vision, mit Hilfe der neu etablierten experimentellen Verhaltenswissenschaften die Rätsel des menschlichen Lernens entschlüsseln zu können, um die in einer kulturellen Umbruchzeit dringend benötigte Steigerung der Lehreffektivität mit wissenschaftlicher Gewißheit zu erreichen. Diese Hoffnung artikulierte sich zum Beispiel so: „Solange der gesetzmäßige Zusammenhang zwischen der erzieherischen Einwirkung und den einfachsten sowohl als kompliziertesten Phänomenen der Kinderseele nicht klargelegt ist, kann von wissenschaftlicher Lösung des Problems nicht gesprochen werden. Dies ist die Kardinalfrage der pädagogischen Psychologie." Notwendig ist es, „den ursächlichen Zusammenhang der Dinge so zu erforschen, daß wir für jeden Fall die eintretenden Erscheinungen aus den gegebenen Bedingungen im voraus bestimmen können" (Kemsies, 1899).

Welch eine Vision, welch eine Utopie über die Möglichkeiten der psychologischen Wissenschaft, pädagogisches Handeln zu analysieren und anzuleiten. Dabei blieb bei Kemsies offen, ob die Regularitäten der kindlichen Entwicklung, die universellen Gesetze des menschlichen Lernens oder die Wirkungsmechanismen des unterrichtlichen Lehrens für die notwendige wissenschaftliche Orientierung sorgen könnten.

Mit fast zwangsläufiger Folge ergab sich aus den falschen Erwartungen der Gründerjahre eine gebrochene Entwicklung der pädagogischen Psychologie als Wissenschaft: Auf der einen Seite wurde eine Vielzahl durchaus interessanter, im Geltungsbereich allerdings stets begrenzter empirischer Erkenntnisse gewonnen und andererseits wucherten die Hoffnungen auf eine möglichst allgemeine, praktisch ergiebige Theorie. Diese Diskrepanz begünstigte drei grundlegende Mißverständnisse, die das Fach lange Zeit und letztlich bis heute schädigend beeinflußten:

a) Für viele Wissenschaftler stand und steht die Suche nach den (deskriptiven) Gesetzmäßigkeiten der kindlichen Entwicklung im Mittelpunkt des Forschungsinteresses, weil erwartet wird, daß sich daraus mit einer gewissen Automatik auch die (präskriptiven) Regeln einer optimalen Erziehung und Unterrichtung ableiten lassen. Eine fiktive Zweieinigkeit von Entwicklungspsychologie und Pädagogischer Psychologie entstand. Dabei wurde übersehen, daß die psychische Entwicklung im

Kindesalter sowohl Bedingung als auch Ergebnis, ja sogar Ziel der Erziehung ist.

b) Im Widerspruch zum ersten Mißverständnis dominierte bei vielen pädagogischen Psychologen die (falsche) Erwartung, es gäbe universelle Gesetze des menschlichen Lernens, aus deren Erforschung sich die Regularien seiner didaktischen Optimierung ableiten ließen. Unberücksichtigt blieb dabei die große individuelle Variabilität der Lernprozesse und die daraus folgende Notwendigkeit einer sensiblen Anpassung pädagogischer Förderungsmaßnahmen an die Bedürfnisse und Voraussetzungen der Lernenden.

c) Lehren wurde lange Zeit als „Lernen machen" mißverstanden, wodurch der Lehrer zum aktiven, steuernden, überwachenden und korrigierenden Organisator des kindlichen Lernens wurde; der Lernende selbst schien vielen als ein eher passives, rezeptives und beliebig bildbares Wesen. Die Metapher vom „Nürnberger Trichter" verweist auf die Möglichkeit eines Lehrverfahrens, durch das angeblich auch dem Dümmsten und Faulsten das notwendige Wissen beigebracht („eingetrichtert") werden kann – ein völliger Irrglaube, wie wir inzwischen wissen.

Die genannten drei fundamentalen, für die Gründerzeit typischen Mißverständnisse beförderten und behinderten zugleich die weitere Entfaltung der Pädagogischen Psychologie als Wissenschaft. Begünstigt wurde die Forschung seit mehr als hundert Jahren durch einen nicht totzukriegenden wissenschaftlichen Optimismus. Da dieser durch die Resultate der empirischen Arbeiten aber häufig enttäuscht werden mußte, kam es zum Nachteil dieser Wissenschaft selten zur Entwicklung konstruktiver, realitätsangemessener Modelle, deren Annahmen und Erwartungen sich wissenschaftlich wie praktisch hätten bewähren können.

Wissenschaftlicher Alltag: Große Ideen und kleine Erkenntnisfortschritte

Überblickt man ein Jahrhundert pädagogisch-psychologischer Forschungsgeschichte, so wird ein buntes Mosaik an Theorien, Themen, Methoden, Modellen und praktischen Empfehlungen erkennbar: Assoziationstheoretische, behavioristische, tätigkeitsanalytische, gestaltpsychologische und konstruktivistische Konzeptionen dienten als Rahmen für die Untersuchung des Erwerbs sprachlicher, mathematischer, naturwissenschaftlicher, sozio-moralischer, sportlicher und musischer Lerninhalte. Dabei wurden die Lern- und Leistungsunterschiede bei autoritären, lehrerzentrierten, schülerorientierten und offenen Lehrformen studiert. Berücksichtigung fanden natürlich auch Differenzen zwischen den Schülern (z.B. Alter, Geschlecht, Begabung, soziale Herkunft), den Lehrbedingungen (Schulsystem; Rekrutierung, Ausbildung und Status der Lehrer; materielle Ausstattung; „Schulkultur") und den Lernkontexten (Größe und Zusammensetzung der Schulklassen; Klassenklima; außerschulische Einflüsse).

Solche (unvollständigen) Listen wissenschaftlicher Fragestellungen wirken wie farblose Landkarten, denen man nicht entnehmen kann, was interessant und was langweilig ist, wo man Neues oder nur Redundantes findet, welche Spuren aussichtsreich erscheinen und welche in Holzwegen münden. So auch in der Pädagogischen Psychologie! Es gibt inzwischen zehntausende von einschlägigen Artikeln, Kapiteln, Traktaten und Büchern; viele von ihnen sind auch nach langer Zeit noch Fundgruben theoretischer Erkenntnisse und praktischer Anregungen; manche andere aber sind wie Müllgruben für wissenschaftlichen Schrott.

Natürlich finden sich in dem vielgestaltigen Mosaik der Forschungsfragen auch einige großflächige Muster, bei denen sich in der Rückschau langfristige Veränderungen, flüchtige Moden und wichtige Meilensteine identifizieren lassen. Das soll im folgenden an drei Beispielen demonstriert werden.

Von Modellen des mechanischen Lernens zum Paradigma eines aktiven, konstruktiven Wissenserwerbs

Wie lernen Menschen? Was können sie dadurch erwerben? Welchen Wert und Nutzen hat das so Erworbene? Diese Fragen sind für die Psychologie wie für die Pädagogik gleichermaßen bedeutsam. Sie blieben bis heute im besten Sinn des Wortes frag-würdig, auch wenn die oft selbstgewissen Antworten darauf im Laufe der Zeit wechselten. Tief verwurzelt in der assoziationstheoretischen Denktradition galt und gilt Lernen vielen als ein relativ inhaltsunabhängiger Prozeß. Erst die kognitionspsychologische Wende während der 60er und 70er Jahre lenkte die Aufmerksamkeit der Forscher auf die Bedeutung des inhaltlichen Wissens und dessen Rolle für das Lernen. Nicht externe Lernbedingungen und generelle intellektuelle Fähigkeiten erwiesen sich als wichtigste Determinanten eines verständnisintensiven Lernens, sondern die Quantität und vor allem die Qualität der relevanten Vorkenntnisse auf seiten des Lernenden. Die Einsicht in die Domänenspezifität des zu erwerbenden Wissens und in die Notwendigkeit einer aktiven, konstruktiven, produktiven Integration der aufzunehmenden Informationen in die individuell verfügbare Wissensbasis hat zur Entwicklung eines „neuen", für die Pädagogische Psychologie sehr fruchtbaren, in seinen Überinterpretationen aber auch fragwürdigen Paradigmas zur Erforschung des menschlichen Lernens geführt.

Vom simplen zum komplexen Prozeß-Produkt-Paradigma des Lehrens

Je mehr man Lehren als Lernenmachen (miß-)verstand, desto größer wurde das Bedürfnis nach einem allgemeinen Modell der Wissensvermittlung. Das Prozeß-Produkt-Paradigma erfüllte (scheinbar) die damit verbundenen Erwartungen. Unterstellt wurde nämlich, daß es regelhafte Zusammenhänge zwischen den Prozessen des Lehrens und den Produkten des Lernens gibt. Kennt man diese Zusammenhänge, so könnte man gute Lehrer nicht nur identifizieren, sondern auch ausbilden, denn es war eine der Kernannahmen dieses Paradigmas, daß die Wirksamkeit einer Lehrmethode unabhängig von der Person des Lehrers, von der Individualität des Lernenden und vom jeweiligen situativen Kontext ist.

Auf diesem simplen theoretischen Hintergrund wurden ungezählte empirische Studien durchgeführt, in denen fast jedes isolierbare Merkmal der Lehrerpersönlichkeit, des Lehrerverhaltens, des Schülerverhaltens und der Schülerleistung berücksichtigt wurde. Stets ging es dabei um die Erfassung und Analyse der gesetzmäßigen Beziehungen zwischen dem, was Lehrer im Klassenzimmer tun und dem, was bei den Schülern dadurch bewirkt wird.

Aufs Ganze gesehen war der Ertrag dieser wissenschaftlichen Bemühungen enttäuschend. Mit zynisch angehauchter Skepsis könnte man die einschlägigen Befunde als Hinweis darauf interpretieren, daß vieles von dem, was Lehrer tun, in irgendeiner Hinsicht für das Lernen der Schüler wichtig, zugleich aber auch unwichtig ist.

Ein solches deprimierendes Resümee ist zweifellos auf das allzu einfache Annahmegefüge des klassischen Prozeß-Produkt-Paradigmas zurückzuführen, in dem es für die multiplen internen und externen Bedingungen des Lernens, für die bedeutenden, aber nicht beliebigen Substitutionen, Kompensationen und Kumulationen verschiedener Einflußfaktoren keinen angemessenen theoretischen Raum gab. Seit in neueren Modellen komplexe und komplizierte Zusammenhänge zwischen Merkmalen des Lernenden, des Lehrenden und der Lernsituation berücksichtigt werden, erweist sich das Paradigma (wieder und verstärkt) als eine fruchtbare forschungsleitende Idee – auch für die Zukunft.

Vom geborenen Lehrer zum pädagogischen Experten

Daß Lehrer mehr durch das wirken, was sie sind, als durch das, was sie tun, gehörte schon im 19. Jahrhundert zu den Selbstgewißheiten vieler Wissenschaftsskeptiker. Also studierte man auf antiszientistischem Boden, aber mit mehr oder minder szientistischen Methoden den Meisterlehrer – sein Charisma, seinen Enthusiasmus, seinen pädagogischen Eros, seine Intuitionen und Inspirationen – mit sehr mäßigem Ertrag, wie man nüchtern oder ernüchtert konstatieren muß. Es zeigte sich nämlich, daß sehr verschiedene Lehrerpersönlichkeiten auf recht unterschiedliche Weise guten, aber auch schlechten Unterricht gestalten können.

Die daraus resultierende Poetisierung der „Lehrerforschung" wurde erst durch das kognitionspsychologisch angeregte Novizen-Experten-Paradigma wenigstens teilweise überwunden. Dessen Botschaft lautet: Es sind nicht angeborene allgemeine Fähigkeiten, sondern langfristig erworbene bereichsspezifische Kompetenzen, die Spitzenleistungen in Wissenschaft, Kunst und Sport ermöglichen. Die exzellenten Ergebnisse von Experten können in anspruchsvollen Inhaltsbereichen durch noch so intelligente und engagierte Anfänger nicht erreicht werden. Dabei ist Expertise weniger durch deklaratives, also verbal ausdrückbares Wissen (gewußt was), als durch prozedurales Können (gewußt wie) charakterisiert.

Bei der fruchtbaren Anwendung dieses Paradigmas auf die Lehr-Lernforschung zeigte sich, daß sich erfolgreiche Lehrer durch die Verfügbarkeit eines fundierten Sachwissens über die zu lehrenden Inhalte, durch Kompetenzen in der Klassenführung, durch diagnostische Fertigkeiten und durch didaktisches Können auszeichnen.

Trotz vieler Ähnlichkeiten zwischen der Genese wissenschaftlicher, ärztlicher, künstlerischer und pädagogischer Expertise gibt es auch wichtige domänenspezifische Unterschiede. So findet sich zum Beispiel bei Lehrern keine nachweisbare Verbesserung ihrer Expertise als Funktion der Berufsdauer und des damit verbundenen Erfahrungszuwachses. Es ist gegenwärtig eine offene Frage, ob diese schwerwiegende Einschränkung des Novizen-Experten-Paradigmas für Pädagogen dadurch bewirkt wird, daß Schulklassen für Lehrer oft suboptimale Rückmeldesysteme darstellen, die dazu führen können, daß die frühe Erstarrung in einer stereotypen Routine für den einzelnen Lehrer subjektiv „erfolgreicher" sein kann als der Erwerb zusätzlicher Expertise und der damit verbundenen Veränderung des pädagogischen Handelns.

Revolutionäre Gegenbewegungen

In ihrem Buch „Das Jahrhundert des Kindes" hatte Ellen Key im Jahre 1900 das öffentliche Schulwesen einer radikalen Kritik unterzogen. Sie forderte nichts weniger als die Abschaffung des vom Lehrer ausgehenden Zwangs und Drills zugunsten einer neuen Freiheit des Lernens und der Lernenden. In vielen Varianten der Reformpädagogik wurde dieser Gedanke theoretisch wie praktisch aufgegriffen und weiterentwickelt. Anstelle des lehrerdominierten, kollektivierten Erwerbs lebensfremden Schulwissens durch isolierte Schüler in traditionellen Klassenzimmern sollte ein aktives, lebendiges, intrinsisch motiviertes, selbstgesteuertes (auf eigenen Wegen zu selbstgewählten Zielen!), kooperatives, lebensnahes (Verbindung des Denkens mit dem Kopf und mit der Hand!) und sozial orientiertes Lernen treten. Viele private reformpädagogische Initiativen führten zur Entwicklung interessanter, zum Teil auch erfolgreicher Schulmodelle. Das der Reformpädagogik zugrundeliegende idealistische Menschenbild verhinderte aber eine generelle Übernahme solcher Modelle durch das öffentliche Schulwesen, das sich mit einer immer größer werdenden Fülle von Bildungsanforderungen unserer modernen wissenschaftlich-technischen Welt konfrontiert sieht.

Die Idee aber – oder sollte man besser sagen: die Hoffnung? –, daß Lernende ihre eigenen Lehrer sein sollten und den professionellen Pädagogen auf allen Altersstufen ersetzen oder wenigstens de-funktionalisieren könnten, ist bis heute lebendig geblieben. Mehr noch: Sie hat in den letzten Jahren durch einige prominente Kognitions-, Entwicklungs- und pädagogische Psychologen, die von der Eigendynamik des kindlichen Kompetenzerwerbs im Vorschulalter besonders beeindruckt waren, einen großen Aufschwung erfahren. Die Lernwirksamkeit lehrlingsanaloger Unterrichtsformen, Projektmethoden, Kenntnis- und Erkenntnisgewinne in einer Gemeinschaft von Lernenden, rekursives Lehren, selbstgesteuertes Lernen und andere Reformmodelle konnten inzwischen durch empirische Untersuchungsergebnisse teilweise bestätigt werden – wobei allerdings die Generalisierbarkeit der Befunde auf „normale" institutionelle Lern- und Lehrbedingungen in vielen Fällen zu bezweifeln ist. Solche Zweifel ändern aber nichts daran, daß gegenwärtig ein neues (reform-)pädagogisch-psychologisches Forschungsparadigma ständig an Aktualität und Attraktivität gewinnt.

Expansionen und Amputationen der Pädagogischen Psychologie

Ein Blick in die einschlägigen Zeitschriften und Lehrbücher verdeutlicht, wie sehr sich die Gegenstände der Pädagogischen Psychologie im Laufe der Zeit verändert haben. Zwar ist das starke Interesse an Fragen des Lernens und Lehrens, des Unterrichts und der Schule gleich geblieben, doch gibt es um diesen thematischen Kern herum mannigfache Expansionen des Faches. Sie können fünf Dimensionen zugeordnet werden, die sich schlagwortartig so charakterisieren lassen:

a) Statt der Konzentration auf das kindliche Lernen gab es eine Erweiterung auf die systematische Untersuchung des lebenslangen Lernens im Säuglings-, Kindes-, Jugend- und Erwachsenenalter.

b) Statt der traditionellen Beschränkung auf die Lehre gilt das wissenschaftliche Interesse jetzt der Instruktion im allgemeinen, d.h., daß neben der schulischen Wissensvermittlung auch die berufliche Ausbildung, das sportliche Training und alle Formen der Weiterbildung zum Gegenstandsbereich der Pädagogischen Psychologie gehören.

c) Statt der lange bevorzugten Erklärung und Vorhersage von Schulleistungen geht es nunmehr stärker um Analysen unterschiedlichster Bildungs-, Erziehungs- und Entwicklungsprozesse.

d) Die Erforschung des Unterrichts und der Schule wird durch das Studium außerschulischer Lerngelegenheiten (Betrieb, Massenkommunikationsmittel, Freizeit etc.) erweitert.

e) Statt der ausschließlichen Untersuchung kognitiver Lernprozesse geht es neuerdings um alle Lern- und Sozialisationsvorgänge, so daß sich die Berührungspunkte und Überlappungszonen zwischen der Pädagogischen Psychologie auf der einen und der Entwicklungspsychologie, Sozialpsychologie, Persönlichkeitsforschung, Klinischen Psychologie, Erziehungswissenschaft und Heilpädagogik auf der anderen Seite vergrößert haben. Die Pädagogische Psychologie ist also schon in sich zu einer inter- und transdisziplinären Wissenschaft geworden.

Diesen kräftigen Expansionen des Faches steht eine schwerwiegende Amputation gegenüber. Pädagogische Psychologie und Schulpsychologie gehen seit einiger Zeit national wie international getrennte Wege. Von der zunehmend akademisch-wissenschaftlich gewordenen Mutterdisziplin hat sich eine auf die Schule spezialisierte, handlungsorientierte Teildisziplin getrennt – mit langfristigen Nachteilen für beide Disziplinen, wie man vermuten darf. Der Pädagogischen Psychologie fehlt dadurch ihr wichtigstes Anwendungsfeld und zugleich eine Möglichkeit der praktischen Bewährung ihrer theoretischen Modelle. Die Schulpsychologie verzichtet auf die Fundierung und Fortentwicklung ihres pragmatischen Wissensbestandes durch systematisch betriebene Grundlagenforschung. Getrennte Kongresse, Zeitschriften und Bücher sowie eine zunehmende wechselseitige Ignoranz gegenüber der aktuellen wissenschaftlichen Diskussion in der jeweils „anderen“ Disziplin verstärken das Trennende kontinuierlich und erlauben keine zuversichtliche Prognose, wohl aber eine gut begründete Hoffnung auf die Wiederannäherung der zwei pädagogisch-psychologischen Wissenschaften.

Persönliche Ansichten über künftige Aussichten der Pädagogischen Psychologie

Gegenwärtig stehen wir an der Schwelle zum zweiten Jahrhundert der pädagogischen Psychologie als einer theoretisch orientierten, empirisch betriebenen und praktisch nutzbaren Wissenschaft. Wieder herrscht Aufbruchstimmung! Wie in der Gründerzeit gibt es für die konkrete Forschung wissenschaftsideologische Visionen. Wiederholt sich also die Geschichte? Glaubt man den Historikern, so ist das nicht möglich. Das dürfte auch für die Pädagogische Psychologie gelten. Ihre Beziehungen zur Psychologie im ganzen sind in den letzten Jahren eng und stabil geworden. Zahlreiche gewichtige Erkenntnisfortschritte wurden in den vergangenen hundert Jahren erzielt. Viele offene Fragen harren einer künftigen wissenschaftlichen Lösung. Forschungsparadigmen wurden in der Vergangenheit oft puristisch entwickelt, theoretische Positionen radikal vertreten. Dabei schließen sich die verschiedenen wissenschaftlichen Ansätze oft keineswegs aus, sondern ergänzen einander in vieler Hinsicht. Soll es nicht nur um die Entwicklung artifiziell valider psychologischer Theorien gehen, sondern auch um die Gewinnung praktisch nutzbarer Erkenntnisse, so folgt daraus ein Plädoyer für die verstärkte Verwendung komplexer Forschungsmodelle.

Dabei wissen wir, daß pädagogisches Handeln zwar wissenschaftlich begründet und reflektiert, nicht aber durch theoretische Erkenntnisse legitimiert und gesteuert werden kann. Pädagogische Psychologie ist in meinen Augen als Wissenschaft notwendigerweise eine reduktive, die Phänomene vereinfachende, nach Gesetzmäßigkeiten suchende, auf Wahrscheinlichkeitsaussagen gerichtete, also im besten Sinn des Wortes theoretische Disziplin – für welche das eigentliche, zwischenmenschliche, persönlich zu verantwortende, lebendige pädagogische Handeln immer eine „andere“, nie als solche erfaßbare, in Grenzen aber wissenschaftlich beschreibbare und erklärbare Realität bildet. Pädagogisch-psychologische Forschung leistet damit einen prinzipiell beschränkten, aber unverzichtbaren Beitrag zum besseren Verständnis der psychologischen Prozesse im pädagogischen Geschehen, Handeln und Wirken. Das mag manchem wenig erscheinen; nach meiner Überzeugung ist es sehr viel!

Psychologische Diagnostik: Standortbestimmung und Perspektiven

Reinhold S. Jäger & Klaus D. Kubinger

Vorbemerkungen

Das Fach Psychologische Diagnostik erlebt seit geraumer Zeit einen Boom, und das ist der Fall, nachdem es in den siebziger Jahren innerhalb der deutschsprachigen Psychologie derart an Stellenwert verloren hatte, daß in einer größeren Anzahl deutscher Universitäten die Psychologieausbildung Psychologische Diagnostik nicht einmal mehr als Prüfungsfach vorsah.

Nunmehr ist eine Art Renaissance auszumachen, die sich allem voran in der fundierten Aufarbeitung des Fachs in der Literatur niederschlägt. Zunächst ist die zwischen 1982 und 1983 entstandene Serie „Psychologische Diagnostik" zu vier Bänden innerhalb der *Enzyklopädie der Psychologie* zu nennen (Groffmann & Michel, 1982). Dann das erste umfassende Lehrbuch zur Psychologischen Diagnostik von Jäger (1988; in der Zwischenzeit in 3. Aufl. herausgegeben von Jäger & Petermann, 1995). Und schließlich erschienen weitere Lehrbücher zur Psychologischen Diagnostik, die sich bereits großer Verbreitung, zumindest häufiger Empfehlung erfreuen, (chronologisch angeführt) von Guthke, Böttcher und Sprung (1990, 1991), Amelang und Zielinski (1994) sowie Kubinger (1995). Auf die nachvollziehbar unterschiedlichen Zielsetzungen und Schwerpunkte dieser Werke soll an dieser Stelle nicht eingegangen werden.

Dieser „literarischen“ Aufarbeitung steht trotzdem eine gewisse Stagnation in der Psychologischen Diagnostik gegenüber und zwar hinsichtlich der inhaltlich-theoretischen wie methodisch-praktischen Fundierung ihres Inventars an Verfahren. Zwar hat Pawlik (1976) schon vor längerer Zeit einige Bereiche aufgezählt, die als Zieldimension künftiger Weiterentwicklung der Psychologischen Diagnostik angesehen werden können, doch ist seither zu wenig Progressives geschehen. Auch das von Westmeyer (1994) herausgegebene Themenheft „Perspektiven psychologischer Diagnostik“ zeugt von einer Stagnation.

Dieser Stagnation widmet sich der vorliegende Beitrag zum einen. Zum anderen geht er auch auf punktuell beobachtbare Fortschritte mit einer „Vision“ in die kurzfristige Zukunft ein.

Die Stagnation des Fachs

Die angesprochene Stagnation ist zwar einerseits gesellschaftspolitisch bedingt, andererseits scheint das Krisenhafte auch „hausgemacht“. Der gesellschaftspolitische Aspekt wird in der deutschsprachigen Psychologischen Diagnostik durch die Bücher von Grubitzsch und Rexilius (1978) bzw. Grubitzsch (1991) festgemacht und in der Kommentierung von Ingenkamp (1981, 1989) begleitet. Selbst wenn die gesellschaftspolitische Kritik teilweise auch polemisch ist, so kann doch nicht verkannt werden, daß die Aussagen von Rexilius (1978) – Testverfahren seien der Herrschaftsstabilisierung dienlich, sie legitimierten Ausbeutungsverhältnisse und seien auch für diese Zwecke konstruiert – die Bedingungen charakterisieren, unter denen sich diagnostisch nur schwer arbeiten ließ. Eben dies war und ist für manche ein richtiger Standpunkt, obwohl die Psychologische Diagnostik, historisch betrachtet, mitbestimmend für die Weiterentwicklung der gesamten deutschsprachigen Psychologie war (vgl. Jäger & Petermann, 1995).

Was das „Hausgemachte“ betrifft, so stellte zum Beispiel Kubinger (1993) resümierend fest, daß sich im deutschsprachigen Raum noch Mitte der 80er Jahre der Standard der 50er Jahre vorfand, der seinerseits erst nach einem Aufarbeiten amerikanischer Vorbilder während der Nachkriegsjahre erreicht wurde.

Dann aber setzte Mitte der 80er Jahre ein wahrer Testboom ein; eine Vielzahl von Neuerscheinungen folgte – und selbst da stagnierte ein wichtiges Teilgebiet der Psychologischen Diagnostik, nämlich die pädagogisch-psychologische Diagnostik, weiterhin.

Seit 1986 begleitet die *Föderation Deutscher Psychologenverbände* (s. Testkuratorium, 1986a) mit Kriterien für die Testbewertung und auch mit Richtlinien für die Diagnostik unter elektronischer Datenverarbeitung (s. Testkuratorium, 1986b) die Verfahrensentwicklung, und die Zeitschriften *Diagnostica* und *Zeitschrift für Differentielle und Diagnostische Psychologie* berichten regelmäßig über Neuerscheinungen auf dem Testmarkt. In der letztgenannten initiierte Kubinger (1996) eine kritische Analyse der zur Zeit gebräuchlichen Verfahren.

Trotzdem hat sich die Psychologische Diagnostik mit ihrem Verfahrensinventar noch nicht so weit entwickelt, daß die Situation befriedigen kann. Allein die Tatsache, daß noch die 2. Auflage des IST (also nicht: IST 70) aus dem Jahre 1955 zum Verkauf angeboten wird (vgl. den Testkatalog 1996/97 der „Testzentrale"), spricht weder für die Dignität dieses Angebots noch für einen in der Praxis erreichten Mindest-Standard. Zwar mag das angeführte Beispiel extrem sein, doch ist es bei allen Zugeständnissen an die „Bequemlichkeit" der Praktiker und an die Verkaufsinteressen von Verlagen symptomatisch für einen nicht weiter akzeptierbaren Zustand.

Dieser Zustand wird durch Praxiseindrücke verstärkt. In einer Befragung innerhalb der BRD zur aktuellen Situation der Psychologischen Diagnostik in der Praxis wurden 306 Psycholog(inn)en schriftlich befragt (Jäger, in Vorb.). Zwei der Fragen zielten auf die Kenntnisse ab, die die *Klassische* und *Probabilistische Testtheorie* betrafen. Die Kenntnisse in *Klassischer Testtheorie* wurden als „gut" bis „befriedigend" eingestuft und zugleich als signifikant besser als diejenigen in *Probabilistischer Testtheorie* eingeschätzt. Die Fähigkeit, Unterschiede zwischen beiden Ansätzen darstellen und erklären zu können, schätzten die Befragten als „befriedigend" bis „ausreichend" ein. Und in einer „Überprüfung" des Informationsstands von Psycholog(inn)en in Österreich zur Psychologischen Diagnostik (Kubinger & Floquet, in Vorb.) stellte sich an Hand der 188 antwortenden Klinischen- bzw. Gesundheitspsycholog(inn)en u.a. ein deutliches Manko an „Inventarkenntnis" heraus; praktisch durchgängig – auch in anderen Skalen – erwiesen sich Studierende den Praktikern *wissens*mäßig überlegen. Dieses empirische Faktum kennzeichnet einen Praxisstand, der nicht weiter tolerabel erscheint.

Wünschenswerte Veränderungen

Betrachtet man den Zustand im Fach Psychologische Diagnostik unter dem Blickwinkel eines Qualitätsmanagements, so läßt sich eine Reihe von Ansatzpunkten finden, die Wege darstellen, um das Fach fortzuentwickeln (s. Abbildung 1).

Abbildung 1

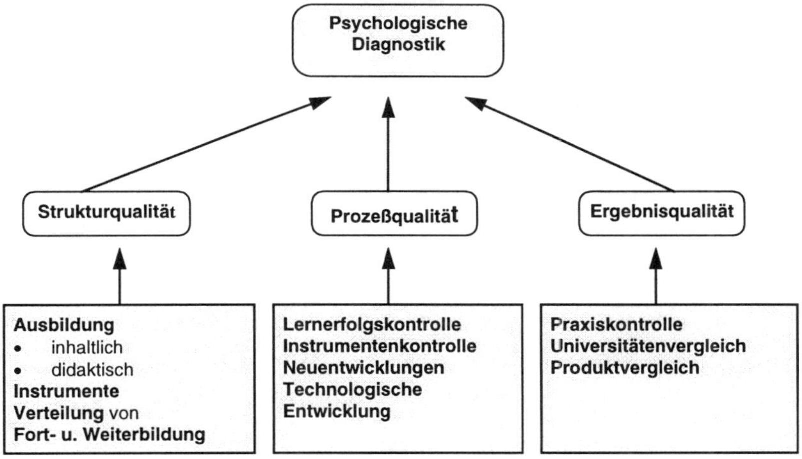

Anhand der in Abbildung 1 angeführten Aspekte sollen im folgenden die Defizite in der *Psychologischen Diagnostik* im deutschsprachigen Raum diskutiert werden.

Defizite hinsichtlich der Strukturqualität

Zunächst stellt sich trotz des Vorhandenseins mehrerer durchaus empfehlenswerter Lehrbücher die Frage nach didaktischen und instruktionspsychologischen Verbesserungen, um ein intendiertes Wissensniveau zu erzeugen. In diesem Zusammenhang sind folgende „Mißstände“ anzusprechen:

1. Wenn Praktiker nicht darüber informiert sind, welche neuen und alternativen Verfahren auf dem Markt sind, dann ist nicht nur die *Ausbildung* gefragt, sondern auch das Marketing *(Verteilung)* der Verlage.
2. Defizite hinsichtlich des Wissensniveaus sind insbesondere der *Fort- und Weiterbildung* anzulasten. Gerade hier kommt es zu Diskrepanzen zwischen der *Deutschen Gesellschaft für Psychologie* und dem BDP (eventuell auch BÖP); erstgenannte Gesellschaft hat es bislang – bis auf einen Ausnahmefall (Gesundheitspsychologie) – abgelehnt, sich in der *Fort- und Weiterbildung* zu engagieren.
3. *Fort- und Weiterbildung* tangiert aber nicht nur Berufsverbände, sondern auch die Testverlage, weil sie daran interessiert sein müßten, ihre (neuen) Produkte sachgerecht zur Anwendung zu bringen.

Defizite hinsichtlich der Prozeßqualität

Innerhalb der Prozeßqualität geht es darum, daß der/die diagnostisch tätige Psychologe/in in die Lage versetzt wird, nach den Regeln der „Kunst“ zu handeln, d.h. dem *diagnostischen Prozeß* (vgl. z.B. Jäger, 1986) gerecht zu werden. Und dies ist wieder Angelegenheit der *Ausbildung* und der *Fort- und Weiterbildung*. Da die obengenannten Strukturkomponenten ohne Inhalte leer sind, seien kurz einige notwendige Bedingungen genannt, die in der Realität der Psychologischen Diagnostik noch nicht sehr häufig anzutreffen sind:

1. Ein diagnostisches Verfahren ohne theoretische Begründung oder Theorie sollte der Vergangenheit angehören. Es entspricht nicht den heutigen Standardvorstellungen. Trotzdem findet sich im Angebot deutschsprachiger Testverlage eine Vielzahl von Verfahren, die nicht theoretisch fundiert sind. Ziel muß hier sein, eine rationale Konstruktion von diagnostischen Verfahren zu realisieren. Es ist daher Aufgabe einer *Instrumentenkontrolle*, für eine Informationslage Sorge zu tragen, die Lehrende, Lernende und Praktiker über die Brauchbarkeit von neuen Verfahren informiert, sie über deren Gegebenheiten bzw. Voraussetzungen in der Praxis unterrichtet und gegebenenfalls vor einem Einsatz warnt. In dieser Hinsicht wurde zwar – wie oben ausgeführt – bereits einiges unternommen; es ist jedoch zu bezweifeln, ob die genannten Informationsquellen ebenso wie die Aktivität des *Testkuratoriums* in der Praxis (!) Früchte tragen.

2. Wie erwähnt, hat sich das Verfahrensinventar der Psychologischen Diagnostik in den letzten 30 Jahren wenig verändert; wohl aber hat sich die Testtheorie weiterentwickelt. Und dieser Entwicklung widersprechend wird der Verrechnungsmodus dia-

gnostischer Verfahren noch immer nicht obligatorisch auf seine Angemessenheit geprüft (vgl. Kubinger, 1993, 1995). Hierin ist ein Defizit gegeben, das Gefahr läuft, auch durch eine neu zu etablierende Industrienorm – wie sie für Testverfahren zur Zeit angestrebt wird – *nicht* egalisiert zu werden.

3. Eines der größten Probleme stellt die Normierung, insbesondere die Überalterung geltender Normen dar. Der IST 70, dessen Normierung mehr als 25 Jahre alt ist, sei hier stellvertretend genannt – auch wenn es einschlägige Verfahren noch älteren Normierungsdatums gibt. Weder veränderte gesellschaftspolitische Bedingungen noch das veränderte Niveau aller intelligenzmäßig erfaßten (Wissens-) Inhalte sind dadurch berücksichtigt, vielmehr scheint sich hier bloß das Verkaufsinteresse durchzusetzen. Eine Lösung dieses Problems liegt allein in der vertraglich gefaßten Kooperation zwischen Testverlagen einerseits und Autoren andererseits. Daß die Testverlage bedeutende Investitionen tätigen werden müssen, scheint unabdingbar.

4. Dort, wo die *technologische Entwicklung* in Form des Computereinsatzes heute schon Platz greift, werden eher alte Verfahren tradiert als neue, mediumsgerechte Applikationen getroffen. Damit drohte fast auch diesbezüglich die Psychologische Diagnostik zu stagnieren, würde es nicht wenigstens einige wenige neue Ansätze geben (s. dazu weiter unten). Gegenwärtig ist nämlich das neue Medium, der Computer, eher noch ein alternatives Mittel der Präsentation bzw. (für den/die Psychologen/in) ein willkommenes Hilfsmittel der Auswertung. Und dabei

wird praktisch nie geprüft, ob und inwieweit der neue Kontext die Qualität des Verfahrens beeinflußt (s. Jäger, Krieger & Dlugosch, 1995); daß der Kontext die psychologische Qualität eines Verfahrens entscheidend beeinflussen *kann*, zeigten zumindest Kubinger und Farkas (1991) eindrucksvoll.

5. *Neuentwicklungen* setzen neue theoretische Positionen voraus, und umgekehrt sind neue theoretische Positionen ohne ein neues Verfahren der Psychologischen Diagnostik kaum denkbar. Da Psychologische Diagnostik mehr als eine „Technologie" aufzufassen ist (vgl. die Definition von Jäger & Petermann, 1995), müssen Anregungen aus der Differentiellen Psychologie und Persönlichkeitsforschung ebenso kommen wie auch aus etlichen anderen Fächern der Psychologie. Den meisten dieser anderen Fächer kann man den Vorwurf nicht ersparen, daß die Stagnation in der Psychologischen Diagnostik auch auf deren Stagnation in der Weiterentwicklung zurückzuführen ist. Trotz der Verfügbarkeit neuer *technologischer Entwicklungen* steht zum Beispiel die theoretische Aufarbeitung von Bearbeitungs- und Reaktionszeitparametern in einem Meßmodell noch aus.

6. Schließlich muß eine adäquate *Lernerfolgskontrolle* gewährleisten, daß die künftige Generation von diagnostizierenden Psycholog(inn)en auf ihre Arbeit in Forschung und Praxis angemessen vorbereitet ist. Ob dazu Methoden, die insbesondere den Gütekriterien der Psychologischen Diagnostik standhalten würden, eingesetzt werden, bleibt die Frage.

Defizite hinsichtlich der Ergebnisqualität

Die damit angesprochene Kontrolle ist noch differenzierter zu sehen:

1. Seit der letzten Studienreform in der BRD im Studiengang Psychologie, die den Gegenstand der betreffenden Prüfung auf „Diagnostik und Intervention" erweitert hat, sind einige Jahre vergangen. Ein *Universitätsvergleich* scheint nötig, um eine erste Art von Ergebnisqualität erheben bzw. um das Profil der einzelnen Universitäten in bezug auf Psychologische Diagnostik beschreiben zu können.

2. Untersuchungen über den Stellenwert der Psychologischen Diagnostik als *Praxiskontrolle* sind, wie ausgeführt, in den letzten Jahren bereits durchgeführt worden. Aber außer der Tatsache, daß ihre Ergebnisse als mehr oder weniger überraschend zur Kenntnis genommen werden, scheint es, als würden nur wenige Konsequenzen daraus gezogen werden.

3. Betrachtet man als ein einziges Beispiel das Angebot an Verfahren zur Erfassung der Befähigung von Schulanfängern, so fällt eine große Fülle und zugleich Unterschiedlichkeit in theoretischen Begründungen und Anwendungsbezügen auf. Ein *Produktvergleich* existiert praktisch nicht. Er wäre aber geeignet, Praktikern ebenso wie Lehrenden und Lernenden entscheidende Anhaltspunkte zu geben. Viele andere Bereiche trifft dies in ähnlicher Weise.

Positive Ansätze

Die obigen Ausführungen hatten den Zweck, die mannigfachen Probleme in und um die Psychologische Diagnostik anzudeuten. Sie sollen aber nicht Anlaß sein, den Blick auf erste Ansätze zu verstellen, die durchaus positiv an der Weiterentwicklung des Verfahrensinventars beteiligt sind. Diesen widmen sich die folgenden Ausführungen:

1. Das neue Medium, der Computer innerhalb der Psychologischen Diagnostik wurde bereits angesprochen, und zwar bis hierher grundsätzlich skeptisch. Demgegenüber sind aber durchaus Bemühungen um eine *mediumsgerechte* Nutzung des Computers zu beobachten: Hierbei geht es etwa um sog. "Simulationsprogramme", um sog. adaptive ("*tailored*") Tests, aber auch um Testkonzepte, die die besonderen Darbietungsmöglichkeiten – und sei es nur eine individuelle Zeitbudgetierung – oder Verrechnungsmöglichkeiten des Computers nutzen. Solche "Bemühungen" finden sich auch bereits im Angebot von Testverlagen. Als Beispiel sei die eben erschienene *Kurze Testbatterie: Arbeitshaltungen* (Kubinger & Ebenhöh, 1996) angeführt: Sie erfüllt den Anspruch "mediumsgerechter" Nutzung des Computers insofern, als die damit verwirklichten Testkonzepte entweder eine von der Aktion der Testperson abhängige Reaktion seitens der Testvorgabe fordern oder zumindest rechnerisch komplexe Testkennwerte vorsehen.

2. Daneben scheinen erste Wege zur Bewältigung des leidigen Problems des *multiple-choice* Antwortfor-

mats gefunden worden zu sein: Bekanntlich ist die Ratewahrscheinlichkeit bei herkömmlichen fünf kategoriellen Antwortmöglichkeiten in Leistungstests hoch, nämlich zu hoch. Eine sequentielle Vorgabe sämtlicher Antwortmöglichkeiten mit der Forderung an die Testperson, für eine nach der anderen zu entscheiden, ob sie richtig oder falsch ist (wobei ein Item nur dann als gelöst gilt, wenn alle sequentiellen Entscheidungen richtig waren) – wie es mit den *Syllogismen* (Srp, 1994) bereits realisiert wurde –, reduziert die bewußte Ratewahrscheinlichkeit beträchtlich. Auf Persönlichkeitsfragebogen bezogen, bei denen das Problem des „Ratens“, nämlich des zufälligen, besser: willkürlichen Entscheidens, herkömmlich wegen des zumeist nur zweikategoriellen Antwortformats noch gravierender ist, scheint mit der Studie von Karner (1993) ein Fortschritt in Sicht: Unter Verwendung einer Analogskala anstatt eines zweikategoriellen Antwortformats stellte sich heraus, daß selbst bei letztendlich nur dichotomer Verrechnung die einzelnen Skalen des MBTI weitgehend in sich homogen (im Sinne des *Rasch*-Modells) sind, was genau nicht der Fall ist, wenn das Original-Antwortformat verwendet wird – als ob im letzten, im herkömmlichen Fall die Testperson mit Reaktanz reagierte?

3. Überdies dürfte mit dem Wiederaufgreifen des Konzepts "Objektiver Persönlichkeitstests" sensu *R.B. Cattell* das Problem der *Verfälschbarkeit* in der Persönlichkeitsdiagnostik, wie es bei Persönlichkeits*fragebogen* gang und gäbe ist, lösbar zu sein. Dabei geht es um die Erfassung persönlicher Stil-

Merkmale, die aus dem *beobachtbaren* Verhalten bei bestimmten (Leistungs-) Anforderungen erschlossen werden. Ein Beispiel für entsprechendes Testmaterial zur Erfassung der „Rigidität im Denken“ wurde bereits von Kubinger (1994) vorgestellt.

4. Ein vielversprechendes und bereits jahrelang in Entwicklung befindliches Konzept zur Erfassung der intellektuellen Lernfähigkeit scheint nunmehr mit der Veröffentlichung mehrerer (computerisierter), im Sinne eines „Programmierten Unterrichts“ individuell verzweigender Lerntests ausgereift (z.B. ADAFI von Guthke & Räder, 1993). Hier geht es, anders als in der herkömmlichen „Statusdiagnostik“, fast nach dem Konzept des *„testing the limits“* darum, prozeßdiagnostisch das (Leistungs-) Potential unabhängig vom Ausgangsniveau zu erfassen, quasi die „Kapazitätsreserven“. Einfacher ausgedrückt geht es darum, festzustellen, was eine Testperson aus angebotenen Hilfestellungen zu machen imstande ist.

5. Schließlich sei inhaltlich auf den Aufschwung im Zuge einer neuropsychologischen Diagnostik hingewiesen. Dem Leser wird es ein leichtes sein, aus dem Angebot der Testverlage zahlreiche Tests zur Demenzdiagnostik bzw. explizit als „neuropsychologisch“ gekennzeichnete Testbatterien, auch computerisierte, zu finden. Sie gehen hin bis zu dem Anspruch, das berühmte „Neglect“-Phänomen diagnostizieren zu können. Zwar nicht exklusiv der neuropsychologischen Diagnostik zuzurechnen sind Konzentrations- und Aufmerksamkeitstests; doch weil gerade diesbezüglich in jüngster Zeit Neuent-

wicklungen vorgestellt wurden, seien gerade dazu Beispiele gegeben: Sowohl der Test FAIR von Moosbrugger und Oehlschlägel (1996) als auch der Test INKA von Heyde (1996) versuchen, einigen konzeptionellen Problemen des „klassischen" *Tests d2* zu begegnen; und selbst dieser erfuhr in seiner 8. Auflage (Brickenkamp, 1994) eine verrechnungsmäßige Revision zum „Besseren".

Conclusio

Eine Darstellung der Psychologischen Diagnostik unter dem Blickwinkel mehrerer Aspekte eines Qualitätsmanagements führt zwangsläufig zu einer langen Defizitliste, die hier sogar nur in Ausschnitten dargestellt wurde. Wichtig erscheint, trotz des defizitären Zustandes des Fachs, das *Ziel* der Psychologischen Diagnostik darzustellen. Wir orientieren uns hierbei an der Definition von Jäger und Petermann (1995, S. 11):

> „Psychologische Diagnostik ist das systematische Sammeln und Aufbereiten von Informationen mit dem Ziel, Entscheidungen und daraus resultierende Handlungen zu begründen, zu kontrollieren und zu optimieren. Solche Entscheidungen und Handlungen basieren auf einem komplexen Informationsverarbeitungsprozeß. In diesem Prozeß wird auf Regeln, Anleitungen, Algorithmen usw. zurückgegriffen. Man gewinnt damit psychologische Charakteristika von Merkmalsträgern und integriert ge-

gebene Daten zu einem Urteil (Diagnose, Prognose). Als Merkmalsträger gelten Einzelpersonen, Personengruppen, Institutionen, Situationen, Gegenstände etc.".

Dieses Spektrum erfüllt die Psychologische Diagnostik durchaus. Und sie erfüllt es auch und gerade im Vergleich zu anderen Disziplinen, in denen ebenfalls Diagnostik betrieben wird. Nur, der Zustand der Psychologischen Diagnostik in Lehre, Forschung und Praxis ist (noch) nicht optimal. Was in der hier gegebenen „Diagnose" der Psychologischen Diagnostik gezeigt werden sollte, war ganz und gar nicht ihre grundsätzlich große gesellschaftliche Bedeutung und Verantwortlichkeit, sondern die Tatsache, daß es am Zustand der Psychologischen Diagnostik noch etwas zu optimieren gibt. Dies zu realisieren, ist Aufgabe aller Lehrenden, Lernenden und Praktiker.

Literatur

Amelang, M. & Zielinski, W. (1994). *Psychologische Diagnostik und Intervention.* Berlin: Springer.

Brickenkamp, R. (1994). *Test d2. Aufmerksamkeits-Belastungs-Test.* Göttingen: Hogrefe.

Groffmann, K.-J. & Michel, L. (Hrsg.) (1982). *Grundlagen psychologischer Diagnostik* (= Enzyklopädie der Psychologie, Serie Psychologische Diagnostik, Bd. 1). Göttingen: Hogrefe.

Grubitzsch, S. (Hrsg.) (1991). *Testtheorie – Testpraxis.* Reinbek/Hamburg: Rowohlt.

Guthke, J. & Räder, E. (1993). *Adaptiver Figurenfolgen-Lerntest (ADAFI).* Software und Manual. Mödling: Dr. G. Schuhfried GmbH.

Guthke, J., Böttcher, H.R. & Sprung, L. (Hrsg.) (1990). *Psychodiagnostik, 1.* Berlin: Deutscher Verlag der Wissenschaften.

Guthke, J., Böttcher, H.R. & Sprung, L. (Hrsg.) (1991). *Psychodiagnostik, 2.* Berlin: Deutscher Verlag der Wissenschaften.

Heyde, G. (1996). *Inventar komplexer Aufmerksamkeit (INKA).* Frankfurt M.: Swets.

Ingenkamp, K. (1989). Die Testaversion des deutschen Intellektuellen. In K. Ingenkamp, (Hrsg.), *Diagnose in der Schule. Beiträge zu Schlüsselfragen der Schülerbeurteilung* (153-179). Weinheim: Beltz.

Ingenkamp, K. (1991). Testkritik ohne Alternative. Eine kritische Darstellung der Argumentation radikaler Schultestkritik in der deutschen Fachliteratur. In R.S. Jäger, K. Ingenkamp, & G. Stark (Hrsg.), *Tests und Trends 1981. Jahrbuch der Pädagogischen Diagnostik* (71-101). Weinheim: Beltz.

Jäger, R.S. (1986). *Der diagnostische Prozeß. Eine Diskussion der psychologischen und methodischen Randbedingungen* (2. Aufl.). Göttingen: Hogrefe.

Jäger, R.S. (Hrsg.) (1988). *Psychologische Diagnostik.* München und Weinheim: Psychologie Verlags Union.

Jäger, R.S. (in Vorb.). Praxis der Psychologischen Diagnostik. Eine empirische Untersuchung über Tätigkeit, Einsatzgebiete, praktisches Handeln, Erfahrungen und Wissen von praktisch tätigen Diagnostikern.

Jäger, R.S., Krieger, W. & Dlugosch, G.E. (1995). Applied computer diagnostics – Theoretical foundations and future perspectives. *International journal of selection and assessment, 3,* 115-131.

Jäger, R.S. & Petermann, F. (Hrsg.) (1995). *Psychologische Diagnostik.* (3. korr. Aufl.). Weinheim: Psychologie Verlags Union.

Karner, T. (1993). Eine empirische Anwendung des Modells von Müller für kontinuierliche Antwortskalen (mittels des computerisierten Myers-Briggs-Typenindikator). Dipl.Arb. Universität Wien, Wien.

Kubinger, K.D. (1993). Testtheoretische Probleme der Computerdiagnostik. *Zeitschrift für Arbeits- und Organisationspsychologie, 37,* 130-137.

Kubinger, K.D. (1994). Objektive Persönlichkeitstests: Ein Versuch, Rigidität zu messen. In K. Pawlik (Hrsg.), *39. Kongreß der Deutschen Gesellschaft für Psychologie in Hamburg 1994, Abstracts, I* (404). Hamburg: Psychologisches Institut I.

Kubinger, K. (1995). *Einführung in die Psychologische Diagnostik.* Weinheim: Psychologie Verlags Union.

Kubinger, K.D. (1996) (Hrsg.). *Themenheft, Testrezensionen: 25 einschlägige Verfahren. Zeitschrift für Differentielle und Diagnostische Psychologie, 17* (in Druck).

Kubinger, K.D. & Ebenhöh, J. (1996). *Kurze Testbatterie: Arbeitshaltungen.* Test: Software und Manual. Frankfurt/M.: Swets.

Kubinger, K.D. & Farkas, M.G. (1991). Die Brauchbarkeit der Normen von Papier-Bleistift-Tests für die Computer-Vorgabe: Ein Experiment am Beispiel der SPM von Raven als kritischer Beitrag. *Zeitschrift für Differentielle und Diagnostische Psychologie, 12,* 257-266.

Kubinger, V.D. & Floquet, M. (in Vorb.). Psychologische Diagnostik: Zum Informationsstand von Psychologen - in Österreich.

Moosbrugger, H. & Oehlschlägel, J. (1996). *Frankfurter Aufmerksamkeits-Inventar (FAIR).* Bern: Huber.

Pawlik, K. (1976). Modell- und Praxisdimensionen psychologischer Diagnostik. In K. Pawlik (Hrsg.), *Diagnose der Diagnostik. Beiträge zur Diskussion der psychologischen Diagnostik in der Verhaltensmodifikation* (13-43). Stuttgart: Klett.

Rexilius, G. (1978). Grenzen der Testerei. In S. Grubitzsch & G. Rexilius (Hrsg.), *Testtheorie – Testpraxis.* Reinbek/Hamburg: Rowohlt, 112-167.

Srp, G. (1994). *Syllogismen.* Test: Software und Manual. Frankfurt/M.: Swets.

Testkuratorium der Föderation Deutscher Psychologenverbände (1986a). Beschreibung der einzelnen Kriterien für die Testbewertung. *Diagnostica, 32,* 358-360.

Testkuratorium der Föderation Deutscher Psychologenverbände (1986b). Richtlinien für den Einsatz elektronischer Datenverarbeitung in der psychologischen Diagnostik. *Psychologische Rundschau, 37,* 163-165.

Testzentrale (1996). Testkatalog 1996/97. Göttingen: Hogrefe.

Westmeyer, H. (1994) (Hg.). Perspektiven psychologischer Diagnostik. *Diagnostica, 40,* 4.

Perspektiven: Eine Standortbestimmung der Arbeits- und Organisationspsychologie

Walter Bungard

Die Psychologie Verlags Union (PVU) feiert ihr 10jähriges Jubiläum und präsentiert zu diesem Anlaß eine Standortbestimmung der Psychologie, wobei einzelne Teilgebiete zu Wort kommen sollen. "Natürlich" hat sich in allen Bereichen der Psychologie in den letzten Jahren viel getan, obwohl man bei der Durchsicht der verschiedenen Zeitschriften allzuoft déjà-vu-Erlebnisse hat und sich gelegentlich fragt, ob denn nicht die eine oder andere Kontroverse aus den 60er Jahren (oder noch früher) endlich zu den „akademischen Akten" gelegt werden könnte.

Wie auch immer, in der Arbeits- und Organisationspsychologie hat es jedenfalls in den vergangenen zehn Jahren erhebliche Veränderungen gegeben.

Die Ursachen hierfür sind eindeutig identifizierbar. Der Hauptgrund liegt zunächst einmal in dem drastischen Wandel der Arbeitswelt. Aufgrund des verschärften internationalen Wettbewerbs mußten seit Anfang der 80er Jahre erhebliche technologische Innovationen vorgenommen werden, um auf dem Weltmarkt konkurrenzfähig zu bleiben. Eine Schlüsseltechnologie war dabei in erster Linie die Mikroelektronik mit all ihren Anwendungsmöglichkeiten. Durch die Einführung neuer Technologien und den Übergang von Verkäufer- zu Käufermärkten und den damit verbundenen höheren Ansprüchen an die Qualität der Produkte und Dienstleistungen mußten aber auch neue Arbeits- und Organisationssysteme bzw. -strukturen implementiert werden. Die Konfrontation mit den japanischen Konkurrenten offenbarte sogar sehr schnell, daß die Überlegenheit der Japaner nicht durch einen technischen Vorsprung oder gar durch protektionistische Manipulationen zu erklären ist, sondern daß primär deren Organisationsprinzipien bzw. -philosophien dafür verantwortlich sind. Diese Erkenntnis führte dann bekanntlich bei uns in der Bundesrepublik Deutschland zu einer wahren Japanhysterie, indem einzelne japanische Arbeits- und Organisationsinstrumente vorschnell zur existenzsichernden Wunderwaffe hochstilisiert wurden, ohne die kulturellen Grenzen einer blinden Übertragung zu bedenken.

Vor dem Hintergrund dieser Situation ist es verständlich, daß in vielen Branchen die Arbeitswelt im wahrsten Sinne des Wortes auf den Kopf gestellt wurde, und so gut wie alle jahrzehntelang nicht weiter hinterfragten Prinzipien diskutiert wurden. Für die Arbeits- und Organisationspsychologie hatte dieser Prozeß extreme Auswirkungen:

- „Klassische" Fragestellungen der Arbeits- und Organisationspsychologie, die früher nur tangential beachtet wurden, rückten über Nacht ins Zentrum der Aufmerksamkeit. Gruppenarbeit, Führungsaufgaben, Personalentwicklungsmaßnahmen usw. wurden plötzlich zu Modethemen in der Wirtschaft.

- Es wurde sehr bald deutlich, daß Techniker und Ökonomen, die in der ersten Phase sehr erfolgreich diese neue Managementphilosophie propagierten, nur begrenzt als Experten angesehen werden konnten, da ihre hausgemachte Psychologie recht bald entlarvt wurde. Insofern stieg die Nachfrage nach „gelernten“ Arbeits- und Organisationspsychologen.

- Eine große Schwäche bei der Einführung der neuen Heilslehren zeigte sich auf vielen Gebieten in der unzureichenden Implementationsstrategie. Deshalb entstand hier eine weitere Nachfrage nach „Realisierungs-Experten“, die sich mit konzeptionellen, gleichzeitig aber auch mit Qualifikations- und Akzeptanzfragen auskennen. Zu einem erheblichen Teil kann dies von Arbeits- und Organisationspsychologen geleistet werden.

- Veränderungsprozesse müssen sinnvollerweise analysiert, gesteuert und bewertet werden. „Technokraten“ stoßen bei der Messung von soft-facts schnell an ihre (ansozialisierten) Grenzen, so daß die Nachfrage nach entsprechenden Evaluationsexperten aus dem Bereich der Arbeits- und Organisationspsychologie explosionsartig gestiegen ist. Hierzu zählen auch die in letzter Zeit immer populärer werdenden Mitarbeiterbefragungen und Vorgesetztenbeurteilungen, wie sie nicht zuletzt bei allen wichtigen Qualitätswettbewerben gefordert werden.

- Mit dem scheinbaren Wegfall tayloristischer Denkmuster im Zuge der Errichtung schlanker Fabriken stellt sich in letzter Zeit immer dringlicher die Frage nach einem normativen bzw. arbeitsethischen Standort. Gegenwärtig sind die Firmen noch immer von den Personalabbau-Orgien geblendet, aber die Einseitigkeit derartiger oft phantasieloser Rationalisierungsbestrebungen treten immer deutlicher zutage, so daß sehr bald die klassische Humanisierungsdebatte reaktiviert werden dürfte. Auch hier werden hoffentlich Experten aus dem Bereich der Arbeits- und Organisationspsychologie Gehör finden.

Fazit: Durch die Veränderungsprozesse in der Arbeitswelt hat die Arbeits- und Organisationspsychologie zumindest potentiell schlagartig eine strategisch wichtige Position erhalten: Die theoretischen Konzepte und Modelle, die empirischen Forschungsergebnisse, das Evaluations-Know-how, die praktischen Trainings- und Moderations-Tools und nicht zuletzt die Fähigkeit, systemisch und weniger technisch-linear zu denken, das sind die Ansatzpunkte für die große Nachfrage nach Experten aus dem arbeits- und organisationspsychologischen Bereich.

Diese durch die oben beschriebenen Veränderungen induzierte Aufwertung der Arbeits- und Organisationspsychologie hat natürlich für diese Disziplin weitreichende Konsequenzen:

- Zunächst einmal hat sich das Bild des Psychologen in der Arbeitswelt geändert. Früher wurde jeder Psychologe stereotyphaft mit einem klinischen Psychologen gleichgesetzt. Die Nachfrage reduzierte sich deshalb darauf, Personalauswahl durch einen Psychologen mit Hilfe dessen Werkzeugkastens, gefüllt mit Tests, durchführen zu lassen. Ansonsten wurden Psychologen zum „wegtherapieren“ von Ängsten oder Problemfällen geholt. Es galt eher die Devise, wenn möglich, einem Seelenklempner aus dem Weg zu gehen, um nicht in den Verdacht zu kommen, psychisch anfällig zu sein. Dieses Bild hat sich sukzessive in den letzten Jahren gewandelt. In Kooperation mit Arbeits- und Organisationspsychologen, z.B. bei der Einführung von Gruppenarbeit usw., sind die Einsatzmöglichkeiten und Vorzüge transparenter geworden. Der Psychologe ist damit in vielen Fällen vom Hofnarr zum akzeptierten Gestaltungspartner der Arbeitswelt avanciert.

- Mit der größeren Akzeptanz sind zwangsläufig auch die Arbeitsmarkt-Chancen von Arbeits- und Organisationspsychologen in den letzten zehn Jahren boomartig gestiegen. Entsprechende Zahlen belegen diesen Trend eindeutig. Heute sind in nahezu allen größeren Unternehmen und zunehmend auch in mittelständigen Betrieben Arbeits- und Organisationspsychologen beschäftigt. Sehr viele Arbeits- und Organisationspsychologen arbeiten auch in der großen Zahl der Unternehmensberatungen, deren Dienste aufgrund der zu Beginn beschriebenen Turbulenzen in der Wirtschaft nach wie vor abgerufen werden.

- Mit der institutionellen Expansion der Arbeits- und Organisationspsychologie sind simultan auch die Forschungsmöglichkeiten erheblich verbessert worden. Dies gilt nicht für die Deutsche Forschungsgemeinschaft, bei der dieser wichtige Bereich der Psychologie nach wie vor etwas stiefmütterlich behandelt wird, sondern gemeint ist vor allem die Forschung, die direkt von Firmen finanziert wird, wenn auch gewisse Nachteile solcher Untersuchungen gesehen werden müssen.

- Aber nicht nur außerhalb der Psychologie hat die Arbeits- und Organisationspsychologie zunehmend Anerkennung gefunden, auch innerhalb der Psychologie hat sich in den letzten Jahren einiges verändert. In den neuen Prüfungsordnungen wurde die Arbeits- und Organisationspsychologie als vollwertiges Fach in den Pflichtkanon des Anwendungsblockes integriert. Dadurch mußte an vielen Hochschulen auch entsprechende Lehrkapazität geschaffen werden. In den psychologischen Berufsverbänden wurde die Arbeits- und Organisationspsychologie bzw. Arbeits-, Betriebs- und Organisationspsychologie nicht zuletzt aufgrund steigender Mitgliederzahlen in den betreffenden Sektionen zunehmend für voll genommen. Und schließlich ist auch die Akzeptanz bei Studienanfängern für die Arbeits- und Organisationspsychologie kontinuierlich gewachsen. Früher stellten sich Studienanfänger meistens ihre Berufszukunft im engen Sinne einer therapeutischen Tätigkeit vor. Im übrigen wurde die Arbeits- und Organisationspsychologie jahrzehntelang als kapitalistisch einseitig arbeitgeberorientierte Hilfsdisziplin desavouiert, so daß ein entsprechender Berufswunsch in Richtung einer arbeits- und organisationspsychologischen Ausbildung eine negative Außenwirkung gehabt hätte. Heute „outen" sich Psychologiestudenten, in dem sie oft zugeben, später in der Arbeitswelt tätig werden zu wollen.

Bleibt also festzuhalten, daß sich die Arbeits- und Organisationspsychologie sowohl extern in der Wirtschaft als auch intern in der Wissenschaftsgemeinde als fester Bestandteil der Forschungs- und Lehrlandschaft etabliert hat. Die Unterschiede zur Situation vor zehn Jahren sind meiner Meinung nach eklatant.

Bei dieser eher euphorisch ausgefallenen Einschätzung sollten aber dennoch einige Problempunkte nicht verschwiegen werden:

- Es stellt sich nämlich u.a. die naheliegende Frage, ob die Arbeits- und Organisationspsychologie all diesen Ansprüchen auch gerecht werden kann. Hier müssen einige Zweifel angemeldet werden. So ist z.B. die universitäre Ausbildung für zukünftige Arbeits- und Organisationspsychologen nicht optimal. Es dominieren an vielen Hochschulen durchgehend grundlagenorientierte methodische Ausbildungsinhalte, die für den Einsatz in der Anwendungsforschung weniger geeignet sind, um nur ein Beispiel zu nennen.
- Ein weiteres Defizit in der Ausbildung und Tätigkeit von Arbeits- und Organisationspsychologen resultiert daraus, daß angesichts des beschriebenen Praxisbooms die theoretische Entwicklung arbeits- und organisationspsychologischer Konzepte und Instrumente nicht Schritt gehalten hat. So steht das kritische Hinterfragen und die empirische Überprüfung zahlreicher moderner Konzepte, die in der

arbeits- und organisationspsychologischen Praxis zur Anwendung kommen, erst noch an.

- Arbeits- und organisationspsychologische Tätigkeit kann weiterhin nur sinnvoll ausgeübt werden, wenn man zur interdisziplinären Zusammenarbeit bereit ist, also z.B. zum Erwerb wirtschaftlicher oder technischer Kenntnisse. Diese Bereitschaft ist leider nicht immer gegeben. Arbeits- und organisationspsychologische Tätigkeit lebt des weiteren von der Praxiserfahrung, auch hier sind noch oft Berührungsängste zu spüren. Mit anderen Worten: Wenn die Arbeits- und Organisationspsychologie ihr Potential erfolgreich entfalten möchte, muß in Zukunft die praxisorientierte Ausbildung und interdisziplinäre Ausrichtung deutlich optimiert werden. Andernfalls wird die Lücke, wie auch bereits in der Vergangenheit, von selbsternannten Psychologen und Scharlatanen gefüllt.
- Ein anderer Aspekt betrifft standespolitische Auswirkungen der erfolgreichen Etablierung der Arbeits- und Organisationspsychologie. Wo Erfolge sind, da sind auch Neider, da gibt es Trittbrettfahrer und Denunzianten. Bezüglich der Arbeits- und Organisationspsychologie können alle denkbaren Schattierungen beobachtet werden.

Interessant sind in diesem Zusammenhang die augenfälligen Mutationen des einen oder anderen klinischen Psychologen, der sich ohne konkrete Erfahrungen auf dieses vermeintlich lukrative Tätigkeitsgebiet der Arbeits- und Organisationspsychologie stürzt. Die vorprogrammierten

Bauchlandungen schaden dann allzuoft nicht nur den betroffenen betrieblichen „Patienten“, sondern zerstören u.a. den Vertrauenskredit, den andere Psychologen möglicherweise gerade aufgebaut haben.

Mit „akademischer“ Arroganz reagieren schließlich innerhalb der psychologischen Fachwelt gelegentlich auch einige selbsternannte Gralshüter der reinen Grundlagenwissenschaft, denen der arbeits- und organisationspsychologische Boom ein Dorn im Auge ist. Jede willkommene Gelegenheit wird deshalb beim Schopf gefaßt, um die periodisch immer wieder neu aufgelegte Kontroverse über die Wissenschaftlichkeit angewandter Forschung zu entfachen. Dabei sollte man nicht vergessen, daß die klassische Grundlagendisziplin der Psychologie historisch betrachtet immer wieder von theoretischen und methodischen Innovationen aus der Anwendungsfront profitiert und daher immer wieder eine gegenseitige Befruchtung stattgefunden hat. Insofern sollte der arbeits- und organisationspsychologische Boom grundsätzlich auch anderen Bereichen der Psychologie weiterhin zugute kommen.

Soweit die sicherlich subjektiv gefärbte Einschätzung zur Lage der Arbeits- und Organisationspsychologie. Das Resümee muß anhand der Expansionsindikatoren positiv ausfallen, einige problematische Aspekte sind aber auch erwähnt worden.

Was die Zukunft der Arbeits- und Organisationspsychologie betrifft, so kann aus der hier vertretenen Argumentationskette heraus die Prognose nur wie folgt lauten: Solange sich die Rahmenbedingungen nicht grundsätzlich verändern, gibt es keinen Grund anzunehmen, daß sich an dem heutigen Status der Arbeits- und Organisationspsychologen etwas ändern sollte. Sollten die Veränderungsprozesse in der Wirtschaft sogar noch schneller ablaufen, sollte die Instabilität noch stärker zum Dauerzustand werden, dann müßte eigentlich die Nachfrage nach arbeits- und organisationspsychologischen Erkenntnissen und Interventionen eher noch ansteigen. Und dann würden die ursprünglichen klassischen Tätigkeitsfelder der Arbeits- und Organisationspsychologen, wie z.B. Personalauslese anhand psychologischer Tests und Trainingsmaßnahmen, noch mehr in den Hintergrund treten. Im Vordergrund stehen dann immer mehr, so meine Prognose, die Fragen der Organisations- und Personalentwicklung, die Evaluation von Innovationsprozessen, die Planung von Implementierungsprozessen und nicht zuletzt die normative Standortbestimmung im Sinne der Gestaltung humaner Arbeits- und Organisationsstrukturen.

Mal sehen, ob in zehn Jahren bei der nächsten Jubiläumsschrift des Verlages bestätigt werden kann, daß die Arbeits- und Organisationspsychologie diese Herausforderung und Verpflichtung zugleich angenommen und gemeistert hat.

UMWELTPSYCHOLOGIE

Ernst-Dieter Lantermann & Volker Linneweber

Der interdisziplinäre Kontext

Wer – wie die Autoren – als Psychologe an interdisziplinär angelegten Projekten in der Umweltforschung engagiert ist, sieht sich mannigfachen Erwartungen, Hoffnungen, aber auch skeptischen Fragen ausgesetzt, die von Wissenschaftlern außerhalb unseres Faches an „die" Umweltpsychologie gestellt werden. Was etwa die Umweltpsychologie zum Verständnis der Ursachen und Folgen der globalen Umweltkrise beizutragen habe, welche gesicherten Ergebnisse zu Motiven und Strategien umweltbewußten Handelns verfügbar seien, welche Rolle die soziale Kommunikation über Umweltprobleme für die Ausbildung von Umweltbewußtsein spiele – dies sind oft gestellte Fragen an unser Fach. Erwartet werden Antworten, die den Vertretern anderer Disziplinen als fachspezifische Beiträge zur Lösung des im interdisziplinären Dialog verhandelten Problems einleuchten und von diesen akzeptiert werden können. Gerade Naturwissenschaftler verlangen von den Sozialwissenschaftlern in der Regel Aussagen über Regeln und Gesetze, nach denen sich Menschen im Umgang mit ihren Umwelten verhalten, nach „Mustern" der Umweltwahrnehmung, gleichfalls nach „gesicherten", und das bedeutet aus ihrer Sicht zumeist quantitativen Daten.

Ein Beispiel: Der Erstautor ist seit zwei Jahren an einem interdisziplinären Umweltforschungsprojekt zum Thema: Lebensqualität, Wasserverfügbarkeit und Vulnerabilität von ökologischen und sozialen Systemen im Nordosten Brasiliens beteiligt. Leitziel dieses Forschungsprogramms ist die Entwicklung eines sogenannten (systemanalytisch fundierten) integrierten Entwicklungsmodells, aus dem in einer späteren Projektphase konkrete „Nachhaltigkeitspfade“ für diese Region abgeleitet werden sollen. Die an diesem Projekt beteiligten Naturwissenschaftler erwarten von dem Psychologen, daß er auf der Grundlage einer allgemein (!) akzeptierten psychologischen Theorie der Wechselwirkung von Mensch und Umwelt für das integrierte „Gesamtmodell“ Submodelle der sozialen und individuellen Dynamik in dieser Region entwickelt, die nach den gleichen Prinzipien aufgebaut sind wie die naturwissenschaftlichen Modelle über Klimawandel, Wasserverfügbarkeit oder über Boden-Pflanzen-Dynamik. Hier wird nicht nur das „Schnittstellen“- sowie das „Skalierungs“-Problem angesprochen, dessen Lösung Voraussetzung wäre für eine Integration von psychologischen mit naturwissenschaftlichen Modellen – und für dessen Behandlung uns Psychologen heute noch fast jedes Rüstzeug fehlt; es geht dabei auch um Grundsätzliches. Menschen, Gruppen und Organisationen können als informationsverarbeitende Systeme konzipiert werden, die zudem, gerade auch in krisenhaften Situationen, über Bedingungen und Folgen des eigenen Tuns reflektieren und über diesen Prozeß – zumindest in Grenzen – neue Regeln, Vereinbarungen, Normen und Werte etablieren im Umgang mit ihrer Umwelt, mit anderen Individuen und sozialen Gruppierungen. Dieses Spezifikum menschlicher Handlungsorganisation erschwert eine Rekonstruktion oder Modellierung individueller und sozialer Prozesse nach den Regeln der allgemeinen Systemtheorie, die aber in den Naturwissenschaften als allgemeine „Sprache" und Methode für die Analyse von ökologischen Systemen und deren Kopplungen zu übergeordneten Modellen auch heute noch weitgehend akzeptiert wird. Es handelt sich dabei nicht bloß um ein Kommunikationsproblem in interdisziplinären Arbeitsgruppen; vielmehr trifft hier eine etablierte Art des Denkens, der Theoriebildung und Modellierung auf eine Disziplin, die zwar – einige „Hardliner" des Faches ausgenommen – um die Grenzen naturwissenschaftlicher Strategien zur Beschreibung und Erklärung individueller und sozialer Prozesse weiß, diesen Strategien jedoch (noch) keine fachspezifische Theorie und Methodologie der Mensch-Umwelt Wechselwirkung entgegensetzen kann, die hinreichend elaboriert wäre oder gar auf einem Konsens der Fachwissenschaftler beruhte.

Aus unserer Sicht fehlt es der Umweltpsychologie weniger an Einzeleinsichten und Einzelbefunden, um in einen fruchtbaren Dialog mit anderen Disziplinen zu treten, die – wie die Umweltpsychologie – Beiträge zur Lösung der gegenwärtigen Umweltkrise leisten möchten. Vielleicht unterliegen die Autoren einem gemeinsamen Urteilsbias – beide haben in den vergangenen Jahren an Instituten gearbeitet, die vorwiegend problemorientiert und interdisziplinär arbeiten, dem Potsdam Institut für Klimafolgenforschung und dem Wissenschaftlichen Zentrum für Umweltsystemforschung der Universität Kassel. Vor dem Hintergrund vielfältiger, oft anregender und manchmal leidiger Erfahrungen mit Umweltprojekten auf der Schnittstelle zwischen Natur- und Sozialwissenschaften sehen wir gegenwärtig mindestens drei zentrale Forschungsdesiderate für eine Umweltpsychologie, die sich an interdisziplinärer Forschung beteiligen möchte:

> THEORIE-DESIDERAT: Die Entwicklung von Theorien und Modellen der Mensch-Umwelt-Interaktion, einschließlich der Entwicklung und Operationalisierung von Konzepten zur Klassifikation von prototypischen Problemräumen für die Analyse spezifischer Formen der Wechselwirkung zwischen Individuen und Umwelten.
>
> METHODEN-DESIDERAT: Die Entwicklung von Methoden und Konzepten, die geeignet sind, die Wechselwirkungen zwischen individueller und sozialer Dynamik im Umgang mit der Umwelt theoretisch und empirisch zu fassen (Mehrebenenproblem).
>
> PRAXIS-DESIDERAT: Die Entwicklung von Strategien zur Optimierung der Informationsverarbeitung und Kommunikation zwischen interdisziplinären Arbeitsgruppen in der Umweltforschung.

Diese Forschungsdesiderate spiegeln zunächst Anforderungen wider, die von Vertretern anderer Disziplinen im Kontext problemorientierter Umweltforschung an die Umweltpsychologie gestellt werden. Aber auch aus psychologischer Binnensicht dürfte die Relevanz einer Forschung, die mit diesen Desideraten befaßt wäre, unstrittig sein, sowohl für eine stärkere theoretische Fundierung der Umweltpsychologie, ihre Methodenentwicklung als auch für ihre praktische Relevanz.

Stand und Schwerpunkte umweltpsychologischer Forschung

Auch in den Wissenschaften geraten innovative Entwicklungen in Verdacht, Modeerscheinungen zu sein. So hörte man Ende der siebziger Jahre gelegentlich, eine „Umweltpsychologie“ habe kaum eine Chance, sich auf Dauer zu etablieren. Daß auch in Europa Psychologen begonnen hätten, ihr Arbeitsgebiet explizit „umweltpsychologisch“ zu benennen, sei entweder ein Etikettenschwindel (durch welche man Fördermittel einzuwerben erhoffe) oder darauf zurückzuführen, daß – mit der typischen Verzögerung – jede Torheit jenseits des Atlantiks in der Alten Welt imitiert werde. „Umwelt“ und „Psychologie“ – das gehöre, zumindest langfristig, nicht zusammen. Diese Mode werde rasch wieder verschwinden und einer neuen weichen. Aber auch jenseits der früh Engagierten wurde eine verstärkte Hinwendung zu Umweltthemen antizipiert, etwa im Rahmen der sogenannten Interaktionismus-Debatte, die von differentiellen und Persönlichkeitspsychologen in den späten siebziger Jahren geführt wurde: Die Psychologie müsse und werde sich verstärkt den Mensch-Umwelt Interaktionen zuwenden, sowohl aus theoretischer als auch pragmatischer Notwendigkeit heraus. Neue Betätigungsfelder für Psychologen seien in Sicht, der vielbeklagten „Umweltvergessenheit“ des Faches werde eine Flut von Arbeiten und Publikationen folgen, in denen der Stellenwert der Umwelt für psychologische Analysen endlich stärker in den Vordergrund gerückt würde.

Ernüchterung ist mittlerweise auf beiden Seiten eingetreten. Nach wie vor – das grämt Letztgenannte – bleibt es „außergewöhnlich“, sich als Psychologe mit „der Umwelt“ zu beschäftigen – und Universitätskarrieren lassen sich damit auch heute kaum gründen. Dennoch gibt es inzwischen hinreichend viele Anzeichen dafür, daß die Beschäftigung mit Umwelt-bezogenen Themen kein Strohfeuer war. Auch Erstgenannte sehen sich genötigt, ihre Prognose zu relativieren.

Um einen groben Überblick über den Umfang zu erhalten, mit dem sich die Psychologie mit Umwelt-bezogenen Themen beschäftigt, sei eine kurze Analyse über Inhalt und Umfang psychologischer Publikationen zum Thema „Umwelt“ geschildert. Wir haben dabei auf Informationen aus den Datenbanken „PsycLIT“ und „PSYNDEX“ zurückgegriffen. Analysiert wurde für die Jahre 1974 bis 1994 der Inhalt der Datenbankfelder „Deskriptoren“. Dem liegt die Annahme zugrunde, daß die Stichworte, welche (in der Regel von den Autoren) für einzelne Beiträge vergeben werden, zuverlässig Informationen darüber liefern, ob in diesen Beiträgen ein Umwelt-bezogenes Thema bearbeitet wird. Dabei zeigte sich – für uns überraschend – daß die Zunahmeraten zum Thema „Umwelt“ sowohl in der englisch- als auch deutschsprachigen Literatur weitgehend den Zunahmeraten psychologischer Publikationen insgesamt entsprechen. Dabei dürfte es unerheblich sein, inwieweit „Datenbankeffekte“, etwa der Erfassungsumfang, eine Rolle spielen. Während z.B. 1980 von insgesamt erfaßten 19.381 englischsprachigen Arbeiten in 572 das Stichwort „Umwelt“ angeführt wird, sind es 1994 1.369 von 50.018 Arbeiten. Der Anstieg deutschsprachiger Arbeiten ist deutlich geringer: 1980 hatten 81 von 3.002 Arbeiten etwas mit „Umwelt“ zu tun, 1994 waren es 222 von 8.106 Publikationen. Im Mittel sind 2,75 Prozent der englischsprachigen und 2,88 Prozent der deutschsprachigen Publikationen mit Stichworten gekennzeichnet, die etwas mit Umwelt zu tun haben. Dieser Anteil schwankt – insbesondere in den deutschsprachigen Arbeiten – nur geringfügig. Unter ausschließlich quantitativen Aspekten kann damit weder von einem Boom, noch von einem Strohfeuer gesprochen werden. Vielmehr scheint es so, daß sich sowohl diesseits als auch jenseits des Atlantiks eine gewisse Stabilität und Solidität in der Beschäftigung mit der Umweltthematik eingestellt hat. Das Fach Umweltpsychologie hat sich, zumindest in den Publikationen, offensichtlich etabliert.

Womit die Umweltpsychologie sich befaßt, was ihre dominanten Themen waren und heute sind, ist damit noch nicht gesagt. Auch für diese Frage mag ein Blick in die Datenbanken nützlich sein. Im englischsprachigen Bereich überwogen in der Zeit zwischen 1980 bis 1984 Arbeiten zu „animal environments“ (19,4 Prozent aller umweltpsychologischer Arbeiten, in denen auch environment oder ecology als Stichwort angeführt ist), gefolgt von „adult environments“ mit 18 Prozent. Die „Stadt“ als Gegenstand der Forschung wurde in knapp 14 Prozent der Fälle aufgeführt, „Wohn-Umwelt“ in 10 Prozent, Schule als Umwelt in 11 Prozent, soziale Umwelten in 6 Prozent, und Umwelt-bezogene Einstellungen in 3 Prozent der Fälle.

In der Zeit zwischen 1985 und 1989 traten animal environments gegenüber „adult environments“ in den Hintergrund, ebenso in den Jahren 1990-1994 (32 Prozent gegenüber 17 bzw. 15 Prozent), während die Verteilung von Beiträgen zu den anderen genannten Themenbereichen weitgehend konstant blieb. Im deutschsprachigen Bereich dagegen bleiben Arbeiten zu animal environments die absolute Ausnahme (weniger als 1 Prozent), Wohnumwelten wurden zunehmend zum Gegenstand der Forschung (1980-1984 knapp 5 Prozent, 1985-1989 6 Prozent, 1990 bis 1994 5 Prozent), die Stadt als Umwelt wurde 1980-1984 in 9 Prozent, 1985-1990 in 9 Prozent, 1990-1994 in 11 Prozent der Fälle genannt). Auffällig ist der hohe Anteil an Untersuchungen zur Schulumwelt (von 7 Prozent 1980-1984 bis zu 17 Prozent in den Jahren 1990-1994). Die Themen „umweltbezogene Einstellungen" und „umweltschützendes Handeln" (insbesondere energieschonendes Handeln) wurden zunehmend repräsentative Forschungsgebiete – von vier respektive unter einem Prozent 1980-1984 bis 14 respektive 12 Prozent in den Jahren 1990-1994. Während im deutschsprachigen Bereich zahlreiche theoretisch orientierte Arbeiten verfaßt werden, überwiegt im englischsprachigen Bereich anwendungsbezogene Forschung. Genaue Prozentangaben lassen sich für diese Aussage allerdings nicht angeben, da „Theorie" kein eigenständiges Stichwort ist; der Theoriebezug läßt sich eher aus den angegebenen Themenbereichen erschließen, wie „Ökologie" (1990-1994: 13 Prozent im deutschsprachigen Bereich, allgemeine Umwelt in 8 Prozent, Umweltpsychologie in 6 Prozent, Person-Umwelt-Passung in 5 Prozent der Fälle – Stichworte, die für den englischsprachigen Raum nur im untersten Bereich erscheinen).

Wenn man auch die Beiträge auf den Kongressen der Deutschen Gesellschaft für Psychologie als relevante Hinweise auf dominante Themen in der deutschsprachigen Umweltpsychologie auffaßt, dann fällt auf, daß 1990 (auf dem Kieler Kongreß) Themen dominierten, die um

Mobilitätsverhalten in Städten, um die Psychologie des Wohnens unterschiedlicher Bevölkerungs- und Altersgruppen, um das Behavior-Setting Konzept sowie um Prozesse der Aneignung von Umwelten kreisen. Auch 1992, auf dem Kongreß in Trier, wurden mehrere Beiträge zur Wohnpsychologie präsentiert, ebenso zum Mobilitätsverhalten. Stärker in den Vordergrund gerückt wurde der Themenbereich „Umweltbewußtsein" und „umweltschonendes Handeln". Zwei Jahre später, in Hamburg, konnte ein „Quantensprung" in der Anzahl umweltpsychologischer Arbeiten beobachtet werden. Im Vordergrund standen Beiträge zum Wohnen, zur Mobilität, zur Umweltwahrnehmung, zum Umweltbewußtsein und zur Umweltplanung. Nimmt man Handbücher der Umweltpsychologie als Kriterium für die Bestimmung dominanter Themen der Umweltpsychologie (z.B. das „Handbook of Environmental Psychology", herausgegeben von Daniel Stockols & Irwin Altman im Jahr 1991 oder den Band „Ökologische Psychologie – Ein Handbuch in Schlüsselbegriffen", herausgegeben von Lenelis Kruse, Carl F. Graumann & Ernst-D. Lantermann im Jahr 1990), dann fällt zunächst auf, daß sich Umweltpsychologen – wahrscheinlich intensiver als andere Psychologen – ausführlich mit benachbarten Wissenschaften auseinandersetzen, wie der Ökologie, der Stadtsoziologie, der Kulturanthropologie oder der Humangeographie. Weiterhin wird deutlich, daß Umweltpsychologen – auch wieder in stärkerem Maße als andere Teildisziplinen – sich häufig mit konkreten, außerwissenschaftlich definierten gesellschaftlichen Problemfeldern befassen, zu deren Lösungen sie unterschiedliche Konzepte, Theorien und Methoden aus den verschiedenen Bereichen der Psychologie heranziehen. Auffällig aber ist auch die ausgesprochene Heterogenität theoretischer Konzepte und Themen sowie ein „Adhocismus" vieler empirischer Untersuchungen und Fallstudien. In vielen empirischen Studien werden Methoden favorisiert, die jenseits des experimentellen Paradigmas angesiedelt sind. Feldforschung, Beobachtungsstudien, nicht-reaktive Meßverfahren, Fragebögen oder Methoden der Simulation werden offensichtlich für geeignete Verfahren gehalten, um die ökologische Validität der psychologischen Erhebungssituationen nicht durch eine falsche Wahl der Mittel zu gefährden.

Intradisziplinäre Herausforderungen

Eine Psychologie der Wechselwirkungen zwischen Mensch und Umwelt steht nicht nur vor den Herausforderungen, die andere Wissenschaften – zumeist in problemorientierten Forschungszusammenhängen – an sie stellen. Eine unseres Erachtens weitere, zentrale Herausforderung für die Umweltpsychologie liegt auch in ihrem Potential, etablierte psychologische Theorien, etwa aus der Sozialpsychologie, der Differentiellen und Persönlichkeits- oder der Allgemeinen Psychologie daraufhin kritisch zu überprüfen, inwieweit diese Theorien die „Umwelt" in ihre Konzepte und Modelle zur Erklärung und Rekonstruktion von informationsverarbeitenden Prozessen der psychischen Regulation hinreichend berücksichtigen. Wir hoffen, daß von der Umweltpsychologie nicht nur Impulse für eine Erweiterung vorliegender Theorien ausgehen, sondern vermuten, daß in diesem Prozeß der Auseinandersetzung mit psychologischen Theorien auch neue Theorien und Konzepte entstehen, die ihren Ausgang von den Transformationsprozessen zwischen Mensch und Umwelt nehmen. Blickt man aus der zeitlichen Distanz zurück zu den Anfängen einer in den späten siebziger Jahren sich zurückmeldenden Psychologie der Handlung, kann man heute mit einer gewissen Genugtuung konstatieren, daß das den Handlungsbegriff konstituierende Konstrukt des „Ziels" oder der „Intentionalität" inzwischen „aufgehoben" sind in anderen psychologischen Theorien, etwa innerhalb der Sozial-, der Differentiellen oder der Allgemeinen Psychologie informationsverarbeitender Prozesse. Vergleichbare theoretische Integrationen sind für das Konstrukt „Umwelt" zu erhoffen. Am Analogfall der Handlungspsychologie wird aber auch ein denkbares Risiko umweltpsychologischer Theorienbildung deutlich. Zwar schließen psychologische Handlungstheorien die „Umwelt" als Bedingungen des Handelns in ihre Konzepte ein, ohne jedoch in der Regel über die „subjektive Umwelt" hinauszugehen. Umwelten werden als „Barrieren", „Restriktionen", „Chancen" und „Optionen" für die Initiierung und Durchführung von Handlungen begriffen, so wie sie im Blick der Akteure erscheinen. Umwelten werden also reduziert auf „subjektive Umwelten" oder „subjektive Repräsentationen". Damit bleiben Forschungsfragen nach den spezifischen Transformationsprozessen zwischen „objektiven", materiellen und sozialen Umgebungen und deren subjektiven Interpretationen im Vollzug einer Handlung weitgehend ausgeblendet. Eine Umweltpsychologie, die ihren Gegenstand ernst nimmt, steht aber vor der Aufgabe, diese Transformationsprozesse zum Gegenstand ihrer theoretischen und empirischen Analysen zu machen, eine Aufgabe, die wiederum kaum allein von Psychologen geleistet werden kann, sondern auf interdisziplinäre Kooperation angewiesen ist. So können psychologische Untersuchungen zu den psychologischen Implikationen des globalen Wandels, zu Veränderungen von Werthaltungen, Umweltwissen und umweltbezogenen Handlungen, zu umweltvermittelten sozialen Einflußnahmen, zu differentiellen Analysen des Verhaltens und Erlebens in konkreten Umwelten oder zu unterschiedlichen Strategien im Umgang mit sozio-ökologischen Dilemmata kaum auf eine sorgfältige Analyse der „materiellen" Umwelt, der jeweils konkreten Umgebung, verzichten, wenn sie die „Umweltvergessenheit" nicht bloß auf einer anderen Ebene wiederholen wollen. Psychologisch orientierte Analysen von anthropogen bewirkten globalen Umgebungsveränderungen, wie sie etwa von Pawlik (1991) oder Lantermann & Schmitz (1994) unternommen wurden, zeigen unseres Erachtens die Notwendigkeit von „außerpsychologischen" Annäherungen an eine Beschreibung relevanter Dimensionen auch für die (umwelt-)psychologische Theoriebildung. Allein aus der (außerpsychologisch) gewonnenen Einsicht, daß die in den vergangenen Jahrzehnten vollzogenen anthropogenen Eingriffe in die Natursphäre zu einer Globalisierung und erdumspannenden Vernetzung von Konsequenzen geführt hat, ergeben sich neue Fragestellungen für die Psychologie: Wegen der damit korrespondierenden raumzeitlichen Entkopplung und extremen Maskierung von Ursache-Wirkungs-Beziehungen, von Handlung und Folgenkonsequenzen und der damit einhergehenden „Entsinnlichung" von Informationen stellt sich für die Psychologie die Herausforderung, neue Handlungs- und Lernstrategien zu entwickeln, die dieser neuartigen „Lernsituation" Rechnung tragen. Die bewährten Lernstrategien, die auf Effektkontrolle oder sozialen Lernprinzipien (damit auf sozialer Nähe oder Empathie) beruhen, bedürfen offensichtlich einer Neubewertung und Reformulierung, wenn diese z.B. eingesetzt werden sollen, um umweltschonendes Handeln unter Einbeziehung der globalen Dimension des Problemraumes zu etablieren. In eine ähnliche Richtung verweisen psychologische Arbeiten zu Relationen zwischen individuellen Werthaltungen und umweltbewußten Handlungsentscheidungen. In den Arbeiten etwa von Mosler aus Zürich oder in einer laufenden Längsschnittstudie von Dörner, Kruse & Lantermann im Biosphärenreservat Schorfheide-Chorin stehen Fragen nach der Entwicklung von Wissen, Werthaltungen und Handlungsstrategien in konkreten Umweltkontexten im Vordergrund. Die Ergebnisse solcher Studien könnten dazu veranlassen, vorliegende sozialpsychologische Theorien im Bereich der Einstellungs- und Werteforschung zu revidieren oder zu erweitern. In diesen und vergleichbaren Studien wird deutlich, daß zur Untersuchung der Relationen zwischen Einstellungen, Werthaltungen und Verhalten zusätzliche Annahmen eingeführt werden sollten. Je nach Handlungskontext werden, wenn die vorliegenden Resultate verallgemeinerbar sind, die individuellen Werthaltungen und Einstellungen unterschiedlich strukturiert und gewichtet. Von einer individuellen universellen Werthaltung auszugehen, erscheint danach fraglich. Entsprechende Werthaltungs- und Einstellungstheorien müßten aus umweltpsychologischer Perspektive um entsprechende Kontextualisierungspostulate angereichert werden.

Wenn, in allgemeiner Beschreibung, der Gegenstand der Umweltpsychologie in der Analyse von (spezifischen) Wechselwirkungsformen zwischen Mensch und Umwelt liegt, dann ist diese Disziplin auch noch in anderer Weise theoretisch und empirisch gefordert. Neben der Thematisierung von (a) Auswirkungen natürlicher und gestalteter Umwelten auf menschliches Verhalten und Erleben sowie (b) Einwirkungen von Menschen auf Umwelten (durch Gestaltung und Nutzung) müssen – in interdisziplinärer Kooperation – komplexere Transaktionen und Transformationen modelliert und erforscht werden. Diese sind nicht statisch und auch nicht in „Momentaufnahmen" im bedingungsanalytischen Sinne zu fassen, sondern hochgradig interaktiv und dynamisch. Frühe Arbeiten zu Dichte und Enge (Crowding) und zur Privatheit haben der Komplexität von Mensch-Umwelt-Entwicklungen Rechnung zu tragen begonnen; aktuelle Arbeiten zur Umweltkompetenz oder auch – in Kooperation mit Soziologen – zur Lebensqualität können als jüngere Ansätze in dieser Richtung betrachtet werden.

Wenn ferner der Blick darauf gerichtet wird, daß Menschen als Mitglieder sozialer Systeme ihr Erleben, Bewerten, Entscheiden und Verhalten wechselseitig über die Entwicklung, Gestaltung und Einschränkung von „Freiheitsgraden der Umweltnutzung" beeinflussen – sowohl durch die Vorgaben im materiellen Sinne als auch durch soziale Nutzungs- und Zugangs-Regeln, -Vorschriften, -Konventionen und -Vereinbarungen –, wird deutlich, daß die Umweltpsychologie prädestiniert ist, zur Erklärung des Funktionierens sozialer Systeme auf unterschiedlichen Aggregatniveaus beizutragen.

Ausblick

Gegenwärtige Arbeiten, Vorhaben und Programme, die Mosaiksteine dazu liefern (können) und zukünftige Entwicklungen (auch) umweltpsychologischer Arbeiten erkennen lassen, sind einige Forschungsvorhaben im DFG-Schwerpunkt „Globale Umweltveränderungen", welcher – für die DFG eine Innovation – explizit interdisziplinär definiert wurde. Auch im Bundesministerium für Bildung und Forschung, bislang weitgehend eher zur Förderung naturwissenschaftlicher Projekte bereit, wird zunehmend anerkannt, daß Analysen naturwissenschaftlicher Zusammenhänge (z.B. die klimabedingte Gefährdung von Küstenregionen) eine zwar notwendige, keinesfalls jedoch hinreichende Voraussetzung für das Verständnis und eine „optimale" Beeinflussung des Umgangs sozialer Akteure mit dieser Problematik sind. „Rational choice"- basierte Annahmen, die aus naturwissenschaftlichen Einsichten abgeleitet und nach wie vor von zahlreichen Ökonomen favorisiert werden, greifen viel zu kurz. Vielmehr ist es erforderlich, divergierenden Interessen unterschiedlicher sozialer Akteure und deren Konflikte zu berücksichtigen, ihre Informationsverarbeitungsdefizite und Voreingenommenheiten konzeptuell mit einzubeziehen. Eine explizit sozialwissenschaftlich ausgerichtete, interdisziplinär geöffnete Umweltpsychologie ist dazu grundsätzlich in der Lage. Es bleibt zu hoffen, daß sie solcher Art Erwartungen an sie einlösen kann. Möglicherweise ist es gerade die Beschäftigung mit „unscharf" definierten Gegenständen oder Anwendungsbereichen, welche umweltpsychologische Überlegungen im hier elaborierten Sinne wertvoll machen und vorantreiben.

Literatur

Kaminski, G. (1995). Ausbildung in Ökologischer bzw. Umweltpsychologie (Bericht über eine Umfrage). *Psychologische Rundschau*, 46, 119-124.

Kruse, L. (1995). Globale Umweltveränderungen: Eine Herausforderung für die Psychologie. *Psychologische Rundschau*, 46, 81-92.

Kruse, L., Graumann, C.F. & Lantermann, E.D. (Hrsg.) (1990). *Ökologische Psychologie. Ein Handbuch in Schlüsselbegriffen*. München: Psychologie Verlags Union.

Pawlik, K. (1991). The psychology of global environmental change: Some basic data and an agenda for cooperative international research. *International Journal of Psychology*, 26, 547-563.

Pawlik, K., Stapf, K.H. (Hrsg.) (1992). *Umwelt und Verhalten: Perspektiven und Ergebnisse ökopsychologischer Forschung*. Bern: Huber.

Saegert, S. & Winkel, G.H. (1990). Environmental psychology. *Annual Review of Psychology*, 41, 441-477.

Stern, P. C. (1992). Psychological dimensions of global environmental change. *Annual Review of Psychology*, 43, 269-302.

Stockols, D. & Altman, I. (Hrsg.) (1987). *Handbook of Environmental Psychology*. New York, NY:Wiley.

Sundstrom, E., Bell, P.A., Busby, P.L. & Asmus, C. (1996). Environmentalpsychology 1989-1994. *Annual Review of Psychology*, 47, 485-512.

Die Zukunft der Klinischen Psychologie – Zwischen Glanz und Erosion

Hans-Ulrich Wittchen

Einleitung

Für fast alle erfolgreichen Wissenschaftsgebiete ist es charakteristisch, daß sie sich nach und nach in mehrere Spezialdisziplinen aufsplittern. Mit schnell anwachsender kritischer Erkenntnis- und Methodenmasse, die nicht mehr überschaubar ist, erscheint eine solche Differenzierung als sinnvoll und unvermeidlich. Allerdings besteht hierbei auch die immanente Gefahr einer Aufspaltung, bei der notwendige und grundlegende Gemeinsamkeiten verloren gehen. Die Klinische Psychologie steht zweifellos seit einigen Jahren in einer derartigen „Zerreißprobe", mit all ihren positiven wie auch negativen Implikationen. Beim Schreiben dieses Beitrags war der Autor sogar anfangs unter dem Eindruck der Sonderentwicklungen im Bereich Psychotherapie und der aktuellen Entwicklungssituation der Klinischen Psychologie in der Psychiatrie geneigt, in satirischer Zuspitzung ein Kalendarium der Auflösung des Faches Klinische Psychologie zu prognostizieren. Ich habe – vermutlich aus Mangel an Vertrauen in meine Fähigkeit, Satiren zu schreiben – davon abgesehen und statt dessen eine rationalere Auseinandersetzung versucht, in der ich aus meiner persönlichen Perspektive folgende zwei Aspekte diskutiere:

1. Die Abgrenzungs- und Integrationsproblematik der Klinischen Psychologie zu Binnenentwicklungen und Nachbardisziplinen.
2. Die wissenschaftliche Weiterentwicklung der Klinischen Psychologie in Hinblick auf diagnostische, ätiologische und interventionsbezogene Aspekte.

Abgrenzung und Integration

Klinische Psychologie läßt sich allgemein nach Baumann und Perrez (1990) als diejenige Teildisziplin der Psychologie definieren, die sich mit psychischen Störungen und psychischen Aspekten somatischer Störungen befaßt. Während bis vor wenigen Jahren unter diesem Oberbegriff fast alle relevanten Phänomene, Gegenstandsbereiche und Tätigkeiten subsumiert wurden, hat sich unter dem Eindruck der sich exponentiell beschleunigenden Entwicklung in der Forschung und Anwendung inzwischen eine Aufsplitterung des Faches abgezeichnet, deren institutionell-organisatorische, fachliche und praxisorientierte Verschränkung – vorsichtig gesprochen – suboptimal ist.

Psychische Aspekte somatischer Störungen (Verhaltensmedizin, „Psychosomatik", z.T. Medizinische Psychologie)

Mit ihrer starken Verankerung in klinisch-psychologischen und allgemeinpsychologischen Paradigmen ist das Gebiet der Verhaltensmedizin wissenschaftlich gesehen sicherlich eine der begrüßenswertesten Sonderentwicklungen im Zusammenhang mit der Ausdifferenzierung der Klinischen Psychologie. Mit z.T. herausragender Forschungsmethodik und hoher gesundheitspolitischer Priorität haben sich zwischenzeitlich eine Forschungsszene und -perspektive entwickelt, die in den verschiedensten Grundlagen- (z.B. Psychoneuroendokrinologie) und Anwendungsaspekten (z.B. Schmerz, Krebs, Herz-Kreislauf- und Stoffwechselerkrankungen) erhebliche Erkenntnisfortschritte erarbeitet haben. Darüber hinaus hat das Arbeitsprogramm der Verhaltensmedizin mit seiner paradigmatischen Orientierung in signifikantem Ausmaß den „schwammigen" und mißverständlichen Begriff der *Psychosomatik* ersetzt. Obwohl Verhaltensmedizin weitgehend synonym mit der Klinischen Psychologie benutzt werden kann (vgl. zum Beispiel den Aufsatz von Hellhammer in: Zukunftsperspektiven der Klinischen Psychologie; Fiegenbaum et al., 1992) wird allerdings inzwischen die Verhaltensmedizin häufig nicht mehr als Teilgebiet der Klinischen Psychologie, sondern als ein breites interdisziplinäres Forschungskonzept wahrgenommen, das über die Psychologie als Fach hinausgeht. Erkenntnisse der verhaltens- und biomedizinischen Wissenschaft sollen hier allgemein für Gesundheits- und Krankheitsprobleme fruchtbar gemacht werden und ihre

Erkenntnisse sollen in die Anwendung von Prävention, Intervention und Rehabilitation einfließen (vgl. Miltner, Birbaumer & Gerber, 1986). Trotz dieser „wahrgenommenen“ Trennung bleiben allerdings erfreulicherweise – vermutlich wegen der starker Einbindung der Forschungsprogramme in universitäre Strukturen der Klinischen Psychologie – die Verbindungen zwischen Verhaltensmedizin und Klinischer Psychologie eng und vielfältig.

Gesundheitspsychologie

Ein zweites wesentliches Spezialgebiet mit Wachstumsperspektiven ist die Gesundheitspsychologie. Sie beinhaltet diejenigen Beiträge der Psychologie, die sich auf Gesundheit beziehen; aber ähnlich auch wie in der Verhaltensmedizin werden implizite und explizite Beiträge zur Prävention und zur Behandlung von Störungen geleistet. Die Gesundheitspsychologie ist nur schwer sowohl von der Forschungsprogrammatik der Verhaltensmedizin wie auch der Klinischen Psychologie abzugrenzen, zumal die US-amerikanische engere Definition von Matarazzo (1980) in einem „Rundumschlag“ von Schwarzer (1990) erheblich erweitert wurde. Abgrenzungen ergeben sich bezüglich der Verhaltensmedizin wohl noch am ehesten durch die stärkere Beachtung sozialpsychologischer sowie kognitiv-affektiver Komponenten gegenüber somatischen und psychophysiologischen Aspekten, sowie allgemein durch die Fokussierung auf den nach wie vor unscharf formulierten Gesundheitsbegriff im Gegensatz zu Krankheiten und Störungen, die im Vordergrund des

Interesses der Klinischen Psychologie und Verhaltensmedizin stehen. Ungleich der Verhaltensmedizin habe ich bezüglich der Gesundheitspsychologie manchmal den Eindruck einer forcierten Verselbständigungs- und künstlichen Abgrenzungstendenz in der Außendarstellung, die mir aufgrund der inhaltlichen und formalen Überlappungsbereiche übertrieben und schädlich (s.u.) erscheint. Auch ist der Erkenntnistransfer zwischen Klinischer Psychologie und Gesundheitspsychologie vielfach unbefriedigend zu nennen. So werden in vielen klinisch-psychologischen Arbeiten nur selten gesundheitspsychologische Arbeiten zitiert und umgekehrt.

Psychotherapie (Verhaltenstherapie)

Trotz aller Bemühungen der stärkeren An- und Einbindung der Psychotherapieforschung sowie der Aus-, Weiter- und Fortbildung an die universitären Strukturen ist dieses Gebiet derzeit sicherlich in der größten Gefahr, sich mit all den damit verbundenen Risiken zu verselbständigen. Die Diskussion um das Psychotherapeutengesetz verstärkt diese Tendenz ebenso wie die rasch fortschreitende Konstituierung von Verhaltenstherapieinstituten mit oft idiosynkratischen, fern von den wissenschaftlichen Grundlagen und ihrer Evaluation liegenden Weiterbildungsinhalten. Vielfach ist selbst Studierenden der Klinischen Psychologie die mir zwingend erforderliche Wechselbeziehung von Klinischer Psychologie und Psychotherapie (und zwar im Sinne der Verhaltenstherapie als stringente Anwendung der Erkenntnisse der wissenschaftlichen Psychologie) häufig nicht bewußt. In den

Prüfungs- oder Studienordnungen wird die Lehre zumeist über das Anwendungsfach *Klinische Psychologie* und das Methodenfach *Diagnostik und Intervention* organisiert; der Begriff *Psychotherapie* wird dabei nicht explizit genannt, sondern geht im Gesamtkanon der klinisch-psychologischen Interventionsverfahren (Prävention, Behandlung und Rehabilitation, Schulung, Evaluation etc.) auf. Baumann hat 1995 eindrücklich darauf hingewiesen, daß also Psychotherapie zweifelsfrei nicht mit Klinischer Psychologie gleichgesetzt werden kann, daß umgekehrt aber auch die mancherorts (übrigens auch von mir) präferierte und politisch gewünschte Gleichsetzung von Psychotherapie mit der Anwendung klinisch-psychologischer Verfahren hinkt. Er stellt überzeugend fest, daß es nicht nur für die Psychotherapie und ihre Weiterentwicklung ein Schaden wäre, wenn die Abkoppelung von der wissenschaftlichen Psychologie weiter fortschreitet. Auch die Klinische Psychologie wäre seiner Meinung nach nicht lebensfähig: Ätiologie und Diagnostik sind eng mit Interventionen verknüpft und gerade die Interventionsforschung hat immer wieder grundlegende Impulse für die gesamte Psychologie gegeben. Hier erscheinen also zwangsläufig vielfach verstärkte Fachanstrengungen notwendig, die Anwendungskompetenz der psychologischen Institute nachhaltig durch entsprechende finanzielle, personelle und strukturelle Maßnahmen zu stärken. Angesichts der Zersplitterung der Weiterbildungsinstitutsszene – mit ihren vielfältigen machtpolitischen, finanziellen und z.T. theoriebezogenen Partikularinteressen – scheint mir nur durch eine stärkere, strenger formalisierte universitäre Verankerung der Psychotherapie in den klinisch-psychologischen Instituten eine langfristige wissenschaftlich begründete Weiterentwicklung – ebenso wie die Formulierung von Indikations- und Qualitätssicherungsstandards – erfolgversprechend zu sein.

Weitere „Aufsplitterungstendenzen" und das Verhältnis zur Psychiatrie

Für die Klinische Psychologie zentrale Erkenntnisfortschritte werden in weiterhin verstärktem Umfang auch in anderen Bereichen der Psychologie gemacht. Beispiele hierfür sind die Klinische Entwicklungspsychologie, die Klinische Sozialpsychologie und die Pädagogische Psychologie. Erkenntnisse aus diesen Bereichen fließen allerdings oft erst mit erheblicher Verspätung in die Klinische Psychologie ein, so daß über Möglichkeiten eines verbesserten Informationsflusses in Forschung und Lehre nachgedacht werden sollte.

Die Problematik des mangelhaften Wissenschaftsimports und -exports ergibt sich auch vor dem Hintergrund der raschen Forschungsentwicklungen vor allem in den *Neurosciences* und speziell der *Psychiatrie* – als einem traditionellen Konkurrenzgebiet vieler Klinischer Psychologen. Bezüglich der fachübergreifenden Kooperation mit der Psychiatrie hat es allerdings zweifellos gravierende Veränderungen in den letzten zehn Jahren gegeben, die der Autor mit zweifelhaftem Vergnügen „hautnah" miterleben durfte.

Historisch gesehen war über viele Jahre die Anwendung klinisch-psychologischer Verfahren in der Psychiatrie eine Art „Lokomotive" für die Weiterentwicklung der Klinischen Psychologie als Fach. Diese zentrale Rolle für unsere Fachentwicklung ist international wie auch national derzeit nicht mehr nachweisbar. Hierfür sind sicherlich verschiedene Erklärungen anzuführen: Die stärkere Eigenständigkeit und Emanzipation der Klinischen Psychologie, ein besserer und stabilerer wissenschaftlicher Erkenntnisfundus und die breite Auffächerung klinisch-psychologischer Ansätze in fast allen Bereichen der Gesundheits- und Krankenversorgung. Nicht zuletzt hat dieses gewachsene Selbstbewußtsein der Klinischen Psychologie aber Ängste und Widerstände in der Psychiatrie geweckt, die eine fortschreitende Personal-, finanzielle- und Machtreduktion ursprünglich relativ selbständiger klinischer-psychologischer Abteilungen an universitären psychiatrischen Einrichtungen mitbeeinflußt haben. So besteht zwar die Tendenz, in vielen Bereichen der Psychiatrie auf unterer Ebene verstärkt Diplom-Psychologen einzusetzen, auf leitender Ebene jedoch Funktionen abzubauen.

Hinzu treten seitens der Psychiatrie zwei sich weiter verstärkende Tendenzen, die je nach Orientierung des jeweiligen psychiatrischen Lehrstuhlinhabers unterschiedlich aktualisiert sind:

a) *Die „biologistisch“ orientierte Psychiatrie und ihre Lehrstühle.* Diese sehen (z.T. sogar in unheilvoller Kombination mit einer „naiven“ Neuropsychologie) die entscheidenden Gründe für psychische Störungen fast ausschließlich in gestörten psychophysiologischen und endokrinen bzw. hirnmorphologischen Prozessen („Das Substrat psychischer Störungen ist das Gehirn“). Der Beitrag der wissenschaftlichen Psychologie wird hier bestenfalls noch in der Durchführung psychometrischer Tests oder in der methodisch-technischen Unterstützung bei wissenschaftlichen Projekten gesehen. Psychotherapie wird eher abgelehnt (insbesondere tiefenpsychologische Verfahren), bzw. reduziert auf „Gespräche“ sowie „simplizistische verhaltenstherapeutische Technologien“, die beide auch Mediziner und Psychiater per Definition bzw. durch gelegentliche Kurse lernen und fachgerecht anwenden könnten – kurzum: Psychologen sind eigentlich verzichtbar! Konsequenterweise finden sich in derartigen psychiatrischen Institutionen Psychologen allenfalls in zeitlimitierten Projekten sowie in Honorar- und Postgraduiertenstellen. Mit der anwachsenden Tendenz, Psychiatrielehrstühle mit Vertretern der sog. „Biologischen Psychiatrie“ (in der Tat eine irreführende Bezeichnung – als ob sich die Biologie auf Zell- und Transmitterstoffwechsel reduzieren ließe!) zu besetzen, wird sich der hiermit verbundene schleichende Stellenabbau und der „Machtverlust“ Klinischer Psychologen zweifellos in den nächsten Jahren verstärken. Zudem werden kaum noch – ähnlich häufig wie in der Vergangenheit – eigenständige Forschungsbeiträge Klinischer Psychologen aus diesem Bereich zu erwarten sein. Es ist zu hoffen, daß diese Entwicklung auch innerhalb der Psychiatrie Gegenwind erhält.

b) *Die verhaltenstherapeutisch aufgeschlossene Psychiatrie.* Hier ist in der Regel eine stark ausgeprägte Überzeugung vorhanden, daß verhaltenstherapeutische Verfahren eine Schlüsselstellung bei psychischen Störungen besitzen. Konsequenterweise werden verstärkt Psychologen in Forschung und Praxis vor allem in den zumeist angeschlossenen Ambulanzen eingesetzt. Die weitere Entwicklung wird zeigen, ob sich dadurch eine erhebliche Stimulierung klinisch-psychologischer Forschung ergibt oder ob die klinisch-psychologischen Mitarbeiter lediglich „Aufbauhilfe für ärztlich geleitete Verhaltenstherapie-Weiterbildungsinstitutionen" leisten und dann schrittweise durch ärztliche Kollegen ersetzt werden. Dieser Verdacht wurde vielfach im Zusammenhang mit paralell laufenden starken Tendenzen in der medizinischen Weiterbildungsordnung geäußert, die versuchen, psychotherapeutische Fachtitel und Kompetenzen (insbesondere im verhaltenstherapeutischen Bereich) in einem sich verkleinerten „Markt" verstärkt zu verankern. Es wäre wünschenswert, zur Verhinderung solcher Fehlentwicklungen bei diesen Einrichtungen einerseits verstärkt auf die Etablierung von Abteilungsleiterstellen für Klinische Psychologen zu achten und zum anderen eine engere formalisierte Anbindung an die klinisch-psychologischen Abteilungen der Universitäten zu fordern.

Neben diesen zwei für die Klinische Psychologie im Bereich psychischer Störungen gefährlichen Tendenzen ist ferner auch auf zwei stark arbeitsmarkt-relevante Sonderentwicklungen hinzuweisen. Den *Suchtsektor*, in dem Klinische Psychologen vielerorts bislang eine starke und noch ausbaufähige Führungsrolle spielen, sowie den anwachsenden Markt sog. psychosomatischer oder *verhaltensmedizinischer Kliniken*, in dem zumeist verhaltenstherapeutische Methoden eine zentrale Rolle spielen und leitende Psychologen die Regel sind. Allerdings kann ich nicht verhehlen, daß auch die Gruppe der letztgenannten Kliniken häufig nach einiger Zeit in einen schlecht kontrollierten pragmatischen Eklektizismus „abdriftet", bei dem es schwer fällt, die wissenschaftlich abgesicherten klinisch-psychologischen Grundlagen zu identifizieren.

Fachinterne Gefahren zentrifugaler Kräfte

Ich habe diese Entwicklungen in dieser Ausführlichkeit diskutiert, um die starken zentrifugalen Kräfte in dem Arbeitsfeld der Klinischen Psychologie exemplarisch und aus z.T. sehr persönlicher Sicht und polemisch zu verdeutlichen. Diese zentrifugalen Kräfte bedrohen die Integrität und die Bedeutung unseres Faches in einer Zeit, in der es angesichts der Bemühungen um eine gesetzliche Regelung in besonderem Maße um Macht und Kohärenz geht. Ferner erschwert diese Entwicklung nachhaltig die Integration der in Einzeldisziplinen gewonnenen Erkenntnisse, was insbesondere für die praktisch Tätigen sowie den Aus- und Weiterbildungssektor Gefahren beinhaltet. So erfreulich es sein mag, daß psychologische und speziell klinisch-psychologische Erkenntnisse in verschiedenste Bereiche der Gesundheits- und Krankenversorgung einfließen, so sehr können sie auch in Form des unkontrollierten „Herumwurschtelns" die Integrität des Faches und sein langfristiges Überleben gefährden. Daß dies keine unrealistische Gefahr ist, zeigt sich allein daran, daß in den letzten Jahren trotz der raschen Erkenntnisfortschritte und der thematischen Diversifizierung keine neuen Lehrstühle für Klinische Psychologie geschaffen wurden sowie keine substantiellen strukturellen und personellen Ausweitungen auf breiter Ebene sichtbar sind. Im Gegenteil, verschiedenenorts sind eher Umstrukturierungen von C4-Lehrstühlen auf C3-Stellen vorgenommen worden; und dies zu einer Zeit und in einem Fach, bei der selbst für Spezialisten die Schnelligkeit und Veränderungsvielfalt in den einzelnen Teilbereichen der Klinischen Psychologie kaum überschaubar sind (s.u.).

Zudem sollte bedacht werden, daß durch die sich derzeit vielerorts zu beobachtende verstärkte Zuwendung der Psychiatrie auf die „neuroscience“ bei gleichzeitiger Vernachlässigung und Ignorierung moderner psychologischer Paradigmen sich der Anspruch der Psychiatrie auf umfassende Kompetenz bei der Diagnostik und Therapie psychischer Störungen kaum mehr einlösen läßt. Dies eröffnet umfassend ausgebildeten Klinischen Psychologen die besondere Chance, fachlich kompetent einen breiteren Anspruch generell als kompetente Anlaufstelle für psychische Störungen insgesamt zu fordern und einzulösen. Die Klinische Psychologie könnte und sollte dabei auf dem Gebiet psychischer Störungen die „starke Klammer“ sein, die als Hauptaufgabe die Integration der Erkenntnisse in Forschung, Ausbildung und Praxis trägt. Dieser Anspruch müßte seitens der Klinischen Psychologie aktiver und entschlossener vertreten werden, da sonst die Gefahr besteht, daß von außen, speziell von gesetzgebenden Organen, die Zuständigkeit über psychologische Kompetenzen anderen Berufsgruppen übergeben wird. Derartige Gesetze hätten zwangsläufig gravierende Konsequenzen für die universitäre Psychologie, ihre wissenschaftliche Programmatik und Fortentwicklung.

Die wissenschaftliche Weiterentwicklungder Klinischen Psychologie im Hinblick auf Diagnostik, Ätiologie- und Interventionsforschung

Die universitäre Klinische Psychologie ebenso wie die klinisch-psychologischen Praktiker haben als noch sehr junges Wissenschaftsgebiet mit immer noch rasch wechselnden Paradigmen und Erkenntnissen die schwierige Aufgabe, immerwährend ihre Theorien und Interventionen zu überprüfen und ggf. zu überarbeiten. Besonders in den letzten zehn Jahren hat bei fast allen Störungsformen ein bemerkenswerter Wandel der Konzepte über die Definition, Entwicklungsbedingungen und -prozesse sowie Behandlungsverfahren stattgefunden, der nur zum Teil bereits Eingang in Neufassungen der Lehrbücher gefunden hat und oft nur detailliert über die Originalliteratur erschlossen werden kann. Dieser mühsame und wiederkehrende Prozeß der Auseinandersetzung mit der wissenschaftlichen Literatur ist für einige Kollegen eine willkommene und stimulierende Herausforderung, für andere – und zwar die größere Gruppe – eine eher ärgerliche Störung lieb gewordener und praktischer Routine. Allerdings erscheint mir gerade derzeit bei letzteren – sozusagen an der Schwelle zur Professionalisierung qua Gesetz – eine besondere Verpflichtung zur ständigen Evaluation, Qualitätssicherung und Überprüfung anhand moderner wissenschaftlicher Erkenntnisstandards des Faches einzufordern zu sein. Diese Forderung gilt nicht nur für die in der Praxis arbeitenden Klinischen

Psychologen (in Abgrenzung zum pragmatisch vor sich hin wurschtelnden „grauen Psychotherapiemarkt“), sondern in besonderem Maße auch für das Lehrpersonal an den Universitäten und den Weiterbildungsinstituten. Erleichtert würde dies sicherlich durch gründliche und schnelle Überarbeitungen der klassischen Lehrbücher (vgl. z.B. die neue deutschsprachige Ausgabe von Davison & Neale, 1996), die oft noch vielfach mit traditionellem Ballast behaftet sind. Dies wird allerdings nicht ausreichen! Zu überlegen wäre darüber hinaus, ob unser Fach nicht einer Art ständiger Konsensuskonferenzen bedarf, in denen die Qualitätsstandards Klinischer Psychologie kontinuierlich überdacht und für Aus- und Weiterbildung festgeschrieben werden sollten.

Daß diese Aufgabenstellung einer ständigen Überprüfung des Erkenntnisstands keine Selbstverständlichkeit ist, möchte ich an einigen Beispielen verdeutlichen.

Psychopathologische Diagnostik – bestenfalls ein lästiges Übel!

Die psychopathologisch orientierte Störungslehre, wie sie im DSM und in der ICD als traditionell essentielles Gliederungs- und Handlungsprinzip in den Lehr- und Anwendungsbüchern der Klinischen Psychologie und Psychiatrie verwendet wird, hat in den letzten 15 Jahren erhebliche Veränderungen erfahren. Aufbauend auf der Kritik einer notorisch schlechten Reliabilität sowie prognostisch und therapeutisch schlechten Validität traditioneller Störungskategorien abweichenden Verhaltens hat sich die Klassifikation psychischer Störungen in den letzten 15 Jahren grundlegend von einer schlecht theoretisch begründeten nosologischen, zu einer weitgehend reliablen deskriptiven Diagnostik verändert. Beispiele sind die unter erheblichem Einfluß der Klinischen Psychologie vorgenommene Auflösung der traditionellen Unterteilung von Psychosen und Neurosen, die Ausdifferenzierung vielfältiger einzelner Störungsformen im Bereich der Angst-, somatoformen und sog. psychosomatischen und streßbezogenen Störungen sowie die stärkere Berücksichtigung von lebenszeitlichen Zusammenhängen, Verlauf und Einschränkungen. Die Begründungen für die erhebliche Ausweitung diagnostischer Störungskategorien (z.B. in der ICD-9: ca. 100 Kategorien, ICD-10: ca. 520 Kategorien) sind einerseits durch neue neuropsychiatrische und klinisch-psychologische Erkenntnisse und Paradigmenwechsel notwendig geworden, andererseits soll durch die eindeutigere operationalisierte Beschreibung der Diagnosen allen an der Gesundheitsversorgung beteiligten Berufsgruppen eine reliable und valide Diagnosestellung ermöglicht werden. In enger Verschränkung mit der Entwicklung neuer Paradigmen, der epidemiologischen und klinischen Verlaufsforschung und der vergleichenden Therapieforschung haben sich die Spezifität und prognostische Validität psychopathologischer Diagnostik so erheblich verbessert und sich eine z.T. grundsätzlich neue und wissenschaftlich wie praktisch vielversprechendere Betrachtungs- und Handlungsebene psychischer Störungen entwickelt.

Die Klinische Psychologie hat allerdings diese Entwicklungen in weiten Bereichen nicht oder nur verzögert rezipiert und – was schlimmer ist – noch kaum die Chance ergriffen, wieder umfassendere Spezialistin für Diagnostik und Indikation bei psychischen Störungen zu werden. An vielen Instituten wird nach wie vor die traditionelle Störungslehre mit veralteten Lehrbüchern unterrichtet und das Fach *Psychopathologie* wird vielerorts nach wie vor z.T. unreflektiert und unkontrolliert von psychiatrischen Fachkollegen vertreten, die Semester für Semester veraltete Diagnosesysteme unterrichten. Zudem verlassen die Mehrzahl aller Studierenden in Klinischer Psychologie die Universitäten, ohne jemals moderne strukturierte und standardisierte diagnostische Methoden zu erlernen, geschweige denn die Grundfertigkeiten einer differenzierten Differentialdiagnostik zu beherrschen. Statt dessen werden nach wie vor extensiv psychometrische Verfahren ausführlichst vermittelt, die für die Berufspraxis später kaum Relevanz besitzen und zudem wissenschaftlich oft überholt sind. Gleiche Kritikpunkte gelten sogar noch prononcierter auch für viele der verhaltenstherapeutischen Weiter- und Fortbildungsinstitutionen, die vielfach eher durch eine wissenschaftlich kaum vertretbare pragmatisch-eklektische Beliebigkeit in der Auswahl ihrer Lehrinhalte charakterisiert sind. Es kann so nicht überraschen, daß auch in der psychotherapeutischen Praxis psychopathologische Diagnostik und moderne Indikationslehre allenfalls als Feigenblatt im Antragsverfahren beim kassenärztlichen Gutachterverfahren benutzt werden.

Es erschüttert mich immer wieder, daß fast kein Diplomand oder Doktorand, der in meiner Arbeitsgruppe seine Arbeit aufnimmt, eine halbwegs fundierte Vorstellung, geschweige denn ein halbwegs brauchbares Grundrepertoire an diagnostischem Wissen und Fertigkeiten mitbringt. Dabei bestehen bedauerlicherweise die Defizite nicht nur im Bereich der Psychopathologie und klassifikatorischen Diagnostik, sondern auch hinsichtlich der handwerklichen Fertigkeiten, funktionale Bedingungsanalysen zu erstellen und in bezug auf indikative Prozesse zu bewerten. Daß dies kein zu vernachlässigendes Defizit ist, wird spätestens dann deutlich, wenn wir berücksichtigen, daß *diagnostische Kategorien* das entscheidende *„kommunikative Bindeglied"* zwischen Wissen über die Entstehungsbedingungen auf der einen und Interventionen auf der anderen Seite sind. Das Vermitteln veralteter Diagnosekonzepte verunmöglicht das Verständnis der neuen modernen Ätiologie- und Interventionskonzepte, für die hier als Beispiel nur die Panik und Agoraphobieforschung, die Depressions- und die Suchtforschung genannt werden sollen.

Für die Zukunft ist zu hoffen, daß die Klinische Psychologie schneller als bislang die überfälligen Anpassungen an die neuen Diagnostik- und Indikationserkenntnisse und -erfordernisse vornimmt. Insbesondere erscheint die traditionelle Vermittlung von psychopathologischen Inhalten sowie die psychopathologische Differentialdiagnostik strukturell wie auch inhaltlich dringend reformbedürftig.

Intervention und Klinische Psychologie

Veränderungen in den ätiologischen Modellen

Unser Wissen über die Entstehungsbedingungen psychischer Störungen allgemein, wie auch insbesondere einzelner Störungsbilder, hat sich in den letzten 15 Jahren gravierend geändert. Hierzu gehören nicht nur die erheblichen Fortschritte, wie sie z.B. durch die stärkere Berücksichtigung der Paradigmen der Allgemeinen und Physiologischen Psychologie auf den Gebieten Kognition, Gedächtnis sowie Psychophysiologie gemacht wurden, sondern auch die Fortschritte auf dem Gebiet der prospektiven Verlaufsforschung. Sowohl aus klinischer wie auch entwicklungspsychologischer Perspektive sind hier neue ätiologische Modelle entwickelt worden (z.B. Symptomprogressionsmodelle, Komorbidität, Vulnerabilitäts-Streß-Konzepte, familiengenetische Modelle), die die allgemeine und stärker noch die störungsspezifische Bedeutung traditioneller konditionierungstheoretischer und vor allem Neurosenmodelle in Frage stellen und relativieren. Aber selbst in manchen „aktuellen" Lehrbüchern der frühen 90er Jahre werden diese Arbeiten kaum zur Kenntnis genommen und bewertet.

Veränderungen in Behandlungsprogrammen und die Bedeutung von Therapiemanualen

Die neuen Erkenntnisse haben bei fast allen prävalenten Störungsformen die Ableitung neuer Therapieverfahren und komplexer Therapiestrategien ermöglicht, die oft nur noch wenige Gemeinsamkeiten mit den Verfahren aufweisen, die noch vor zehn bis fünfzehn Jahren als ´state of the art´ angesehen wurden. Darüber hinaus ist die in sorgfältigen Therapiestudien ermittelte Durchführung der Therapie bei vielen Indikationsbereichen inzwischen wesentlich spezifischer ausformuliert, bis hin zu der

Publikation von überprüften und kontinuierlich evaluierten standardisierten Therapieprogrammen. Allein in der Reihe „Materialien für die psychosoziale Praxis" der Psychologie Verlags Union sind bislang über 20 derartige Therapiemanuale für verschiedenste Indikationsbereiche (Lernstörungen, Gruppenarbeit mit schizophrenen Störungen, Bettnässen, Familienbetreuung schizophrener Patienten, Behandlung sexueller Störungen, Kognitive Verhaltenstherapie bei Anorexie und Bulimie, Alkoholismustherapie etc.) erschienen, zahllose weitere in anderen Verlagen. Zweifellos sind viele dieser manualisierten Therapien nicht nur für vergleichende Therapiestudien, sondern vor allem als didaktisches Material für die Aus-, Weiter- und Fortbildung sowie für die Qualitätssicherung in der Praxis von allerhöchster Relevanz. So lernen selbst noch weitgehend unerfahrene Weiterbildungskandidaten die praktische Durchführung kognitiver Bausteine, z.B. in der Depressionstherapie (Hautzinger et al., 1994) oder bei der Therapie von Panik und Agoraphobie (Margraf & Schneider, 1990) wesentlich schneller und effektiver als durch traditionelle Lehrbücher oder Demonstrationen. Zudem mehren sich Hinweise (vgl. die fortlaufende Diskussion in der Zeitschrift *Verhaltenstherapie* 1993-1994), daß eine standardisierte manualisierte Verhaltenstherapie bei akurater Indikationsstellung zumindestens gleich gute, möglicherweise aber sogar bessere Resultate erbringen als individualisierte Therapien durch „erfahrene" Verhaltenstherapeuten. Trotzdem haben nur wenige Institute und noch weniger Weiterbildungsinstitute bislang die Chance ergriffen, die wissenschaftliche Substanz und Pragmatik dieser Therapiemanuale breiter zu nutzen. Gerade weil die Erkenntnisfortschritte der Klinischen Psychologie durch das Lesen gelegentlicher Publikationen für den Einzelnen kaum nachvollziehbar sind, wäre die stärkere Berücksichtigung derartiger Therapiemanuale ein praktischer und effizienter Lösungsansatz – nicht zuletzt, um auch nach außen eindeutiger zu dokumentieren, was den Unterschied zwischen unkontrollierter und kontrollierter Verhaltenstherapiepraxis ausmacht.

Ein hiermit eng verschränkter Sonderentwicklungsbereich ist ferner in diesem Kontext die Entwicklung von *psychoedukativen Materialien* (Angstratgeber: Wittchen et al., 1995, Depressionsratgeber Wittchen et al., 1995), die den Patienten und ihren Angehörigen, eng bezogen auf ihr Störungsbild, Wissen und Kenntnisse vermitteln, die hilfreich zur Erhöhung von Compliance, der Herstellung einer therapiegerechteren Einstellung und Motivation sowie zur Vorbereitung kognitiver Therapiekomponenten sind. Auch hier werden erhebliche Weiterentwicklungen in der Klinischen Psychologie sowie der Gesundheitspsychologie zu erwarten sein. Ein Sonderfall dieser Entwicklung sind sicherlich die Ableitung von *Selbstbehandlungsprogrammen* (Hand & Fisser-Wilke, 1994), deren Effektivität zumindestens für agoraphobe Störungen nachgewiesen ist.

Adäquate Verhaltenstherapie in Versorgung und Qualitätssicherung

Für mich persönlich gehört es sicherlich zu den größten Enttäuschungen in bezug auf die Klinische Psychologie und speziell die Verhaltenstherapie, trotz der enormen Ausweitung der Klinischen Psychologie in die Praxis und all unserer Bemühungen, unseren Ausbildungskandidaten effiziente und wissenschaftliche Therapiestrategien in Aus- und Weiterbildung zu vermitteln, die nach wie vor defizitäre reale Versorgungssituation zu betrachten. Trotz Tausender sich verhaltenstherapeutisch nennender niedergelassener Psychologen ist es fast unmöglich, Kollegen zu finden, die eine lege artis durchgeführte Angsttherapie mit kognitiven oder Exposuretechniken durchführen. Selbst gezielte Vermittlungsversuche bei ehemaligen Ausbildungskandidaten führen in der Regel zu aufschlußreichen Aussagen (Tatort München, Patient: Panik/Agoraphobie mit sekundärer Depression, elf Telefonate bei niedergelassenen Diplom-Psychologen mit VT-Zulassung):

„Ich mache keine Verhaltenstherapie mehr“ (dreimal), „Kognitive Therapie (sensu Schneider & Margraf) kenne ich nicht“ (zweimal), „Was meinst Du mit Exposure-Verfahren?“ (zweimal), „Ich habe nur ein bis zwei Stunden Termine pro Woche Zeit“ (dreimal), „Ich behandle solche Patienten eher mit gestalttherapeutischen und bioenergetischen Verfahren“ (zweimal).

Dieses niederschmetternde – allerdings sicherlich nicht repräsentative – Bild ist kein Einzelfall. Eine große repräsentative Umfrage, die Jürgen Margraf kürzlich bezüglich der Versorgungssituation von Angstpatienten vorstellte (pers. Mitteilung), erbrachte ähnliche Ergebnistendenzen.

Diese Hinweise auf eine extreme Verselbständigung im psychotherapeutischen Versorgungsbereich unter dem Signum der Verhaltenstherapie durch Diplom-Psychologen sind ein ernsthaftes und die Integrität und Glaubwürdigkeit unseres Faches bedrohendes Problem. Diese

Hinweise sollte alle Beteiligten motivieren, nach den Ursachen zu suchen. Sind unsere wissenschaftlich erarbeiteten Methoden vielleicht in der konkreten Versorgungssituation gar nicht wirksam oder aufgrund der Rahmenbedingungen der kassenärztlichen Verordnungen machbar? Sind unsere Kandidaten vielleicht zu schlecht oder gar nicht ausgebildet? Sollten wir strengere Berufsausbildungs- und Qualitätskontrollen einführen? Können Konsensustagungen hier eine Veränderung erleichtern? Dies sind nur einige Fragen, die es wert sein könnten, weiter untersucht zu werden.

Klinische Psychologie: Glanz und Erosion

Wenn ich die wissenschaftliche Entwicklung der Klinischen Psychologie national wie auch international betrachte – und dies habe ich gerade wieder im Zusammenhang mit dem Schreiben von Beiträgen für die *Enzyklopädie der Psychologie* tun dürfen, die alle zehn Jahre die Forschungsszene in ihren Kräften jahrelang bindet – erfüllt mich die Lebendigkeit, Breite und Qualität unseres Fachgebiets mit Stolz. Daß ich mich in diesem Beitrag durch sehr persönliche Wahrnehmungen einer drohenden Zersplitterung und Erosion leiten ließ, resultiert sicherlich aus meiner fortwährenden Forschungsarbeit über den Verlauf behandelter und unbehandelter psychischer Störungen. Dieser Fokus läßt mir immer wieder bewußt werden, wie viel Arbeit und Problembewältigung noch vor uns liegt und wie weit Wissen und daraus abgeleiteter Anspruch der Klinischen Psychologie und die reale Versorgungssituation auseinanderklaffen.

Literatur

Baumann, U. (1995). Bericht zur Lage der deutschsprachigen Psychologie 1994 – Fakten und Perspektiven. In K. Pawlik (Hrsg.), *Bericht über den 39. Kongreß der Deutschen Gesellschaft für Psychologie* (S. 11-28). Bern: Hans Huber.

Baumann, U. & Perrez, M. (1990). Grundbegriffe – Einleitung. In U. Baumann & M. Perrez (Hrsg.), *Klinische Psychologie Band 1: Grundlagen, Diagnostik und Ätiologie* (S.19-24). Bern: Hans Huber.

Davison, G.C. & Neale, J.M (1996). *Klinische Psychologie* (4., vollst. überarb. Auflage). Deutsche Bearbeitung und Herausgeber: M. Hautzinger. Weinheim: Psychologie Verlags Union.

Hand, I. & Fisser-Wilke, C. (1994). *Platzangst: Ein Übungsprogramm für Betroffene und Angehörige* (2. Aufl.). Basel: Karger.

Hautzinger, M., Stark, W. & Treiber, R. (1994). *Kognitive Verhaltenstherapie bei Depressionen. Behandlungsanleitungen und Materialien.* Weinheim: Psychologie Verlags Union.

Hellhammer, D. (1992). Psychoendokrinologie: Hirn, Hormone und Verhalten. In W. Fiegenbaum, J. Margraf, I. Florin & A. Ehlers (Hrsg.), *Zukunftsperspektiven der Klinischen Psychologie* (S. 67-72). Heidelberg: Springer Verlag.

Margraf, J. & Schneider, S. (1990). *Panik: Angstanfälle und ihre Behandlung.* Heidelberg: Springer Verlag.

Matarazzo, J.D. (1980). Behavioral health and behavioral medicine: Frontiers for a new health psychology. *American Psychologist, 35,* 807-817.

Miltner, W., Birbaumer, N. & Gerber, W.-D. (1986). *Verhaltensmedizin.* Heidelberg: Springer Verlag.

Schwarzer, R. (Hrsg.) (1990). *Gesundheitspsychologie.* Göttingen: Hogrefe.

Verhaltenstherapie – Forschung, Praxis, Perpektiven: Diskussionsforum Hefte 2 und 3 1993 sowie Heft 1 und 2 1994.

Wittchen, H.-U. et al. (1995). *Angst: Angsterkrankungen und Behandlungsmöglichkeiten.* Basel: Karger.

Wittchen, H.-U. et al. (1995). *Depression: Wege aus der Krankheit.* Basel: Karger.

Psychotherapie

Peter Fiedler

Obwohl sie inzwischen auf mehr als 100 Jahre „offizielle" Geschichtsschreibung zurückblicken kann, ist die Psychotherapie immer noch weit davon entfernt, sich als ein einheitliches Fachgebiet zu präsentieren. Die ersten achtzig Jahre der Psychotherapie stellen sich heute vor allem als Geschichte ihrer zunehmenden Zersplitterung dar. Erst in den letzten zehn bis fünfzehn Jahren ist eine merkbare Beruhigung eingetreten. Von den mehreren hundert Therapieverfahren, die spätestens in den siebziger Jahren mit eigenem Namen einen Marktanteil im Bereich der psychosozialen Versorgung zu erobern versuchten, sind heute nur sehr wenige übrig geblieben. Erheblich zu dieser Beruhigung beigetragen hat die aktuelle politische Diskussion um die Einführung eines Psychotherapeuten-Gesetzes. Im Gefolge dieser Entwicklung scheinen – grob betrachtet – wohl nurmehr zwei Grundkonzepte der Psychotherapie übrig zu bleiben:

- einerseits die *Psychoanalyse* und einige weitere ihr zugerechnete sog. *tiefenpsychologische Psychotherapieverfahren*. Sie werden vor allem von Medizinern praktiziert und fortentwickelt, und sie sind in der Medizin insbesondere im Bereich der Psychosomatik verankert, so daß sich einige Autoren zunehmend befleißigen, generell von einer „psychotherapeutischen Medizin" zu sprechen, wenn sie einseitig psychoanalytische Psychotherapie in der Medizin meinen (so z.B. Rudolf, 1993);

- andererseits die *Verhaltenstherapie* und eine Reihe weiterer ihr zuzurechnender *psychologischer Therapieverfahren.* Die Verhaltenstherapieverfahren wurden und werden in der Klinischen Psychologie entwickelt, und sie werden entsprechend vorrangig von psychologischen Psychotherapeuten praktiziert. In den vergangenen Jahren finden sie zunehmend Interesse und Resonanz in der Medizin, und sie konnten sich dort unter der Bezeichnung *Verhaltensmedizin* als Alternative und in deutlicher Konkurrenz zur psychoanalytischen Psychosomatik inzwischen ebenfalls fest etablieren (vgl. Margraf, 1996).

Welche Probleme und Nachteile, aber auch Vorteile und Perspektiven sich aus dieser sozialpolitisch motivierten Reduktion der Psychotherapievielfalt auf zwei miteinander konkurrierende allgemeine Grundkonzepte für die weitere Entwicklung der Psychotherapie ergeben, soll nachfolgend historisch und perspektivisch beleuchtet werden.

PSYCHOANALYSE: Mit dem Patienten zusammen auf der Suche nach Erklärungen für scheinbar Unerklärliches

Psychische Störungen erscheinen vielen Menschen deshalb als so bedrohlich, weil sich die Betroffenen ihre Erlebens- und Verhaltensstörungen zunächst nicht oder nur sehr schwer erklären können. Daß zu Beginn der Psychotherapie-Geschichtsschreibung – Ende letzten Jahrhunderts – die *Psychoanalyse* als eines der ersten psychotherapeutischen Behandlungsverfahren schnell viele begeisterte Anhänger fand, ist sehr verständlich. Sie versprach und lieferte nämlich endlich eine plausible *psychologische Erklärung* für viele der bis dahin weitgehend unerklärlichen psychischen Störungen (vgl. z.B. Mertens, 1992). Sie stellte damit ein wichtiges Gegengewicht dar zur psychiatrischen Auffassung um die Jahrhundertwende, nach der psychische Störungen als Krankheiten definiert und entsprechend medizinisch behandelt werden sollten.

Für die Psychoanalytiker waren (und sind nach wie vor) die meisten psychischen Leidenszustände *als das Ergebnis psychischer Verdrängungs- und Abwehrprozesse* begreifbar. In der Psychoanalyse Freudscher Prägung werden psychische Störungen durch die Annahme eines *dynamischen Unbewußten* erklärt, in das hinein unakzeptable Bewußtseinsinhalte und Triebwünsche durch spezifische Verdrängungsmechanismen seit früher Kindheit abgespalten werden. Von dort her – ins Unbewußte verdrängt – entfalten nicht gelebte (sexuelle, zwischenmenschliche) Bedürfnisse zunehmend eigendynamische Aktivitäten, die sich der bewußten Kontrolle weitgehend entziehen. Sichtbar werden sie vornehmlich als Symptome, Erlebens- und Verhaltensstörungen mit höchst leidvoller Wirkung.

BEHANDLUNG. Anfang dieses Jahrhunderts wurden nicht nur die psychischen Störungen plötzlich erklärlich und verstehbar: Mit der Psychoanalyse empfahl sich zugleich ein erfolgreiches Konzept ihrer Behandlung. Zentrales therapeutisches Ziel ist die (als gemeinsame Leistung von Therapeut und Patient anzustrebende) Entwicklung einer individuellen Theorie zur Erklärung der Störungsgenese und ihrer Determinanten. Und ihre wesentlichen Veränderungswirkungen bezieht die Psychoanalyse aus der Gestaltung und der Entwicklung der therapeutischen Beziehung.

Dazu wird in der therapeutischen Kommunikation und Interaktion zwischen Psychoanalytiker und dem Patienten versucht, unbewußte und verdrängte zwischenmenschliche Bedürfnisse der Bewußtheit und bewußten Kontrolle erneut zugänglich zu machen. Die Aktivierung des unbewußten Materials geschieht über das emotionale Erleben der zwischenmenschlichen Beziehung zum Therapeuten und über freie Assoziation des Patienten. Auf die emotionalen Vorgänge in der Therapeut-Patient-Beziehung (vornehmlich als Widerstand oder Übertragung sowie als Wiederbelebung regressiver Verhaltensweisen) stützen sich die Interprationen und Sinndeutungen, um die sich Therapeut und Patient gemeinsam bemühen.

Die Sinndeutungen werden nun im Verlauf einer psychoanalytischen Behandlung zu einer neuen Sinnstruktur als Erklärung und Perspektive für das psychische und interaktionelle Funktionieren des Patienten zusammengefügt. Diese in der psychoanalytischen Therapiebeziehung generierten Erkenntnisse über Persönlichkeit und Persönlichkeitsentwicklung des Analysanden dienen dem Patienten schließlich als Grundlage, neue Entscheidungen und Verhaltensänderungen in seinem Leben vorzunehmen.

FORSCHUNG. Die Psychoanalyse vertritt ein spezifisches Wissenschafts- und Forschungsverständnis. Wichtigstes Erkenntnisverfahren ist die konkrete therapeutische Arbeit und Beziehung mit dem Patienten. Diese Methodik wird allgemein als „Tiefenhermeneutik" bezeichnet. In ihr fällt die beschriebene Art therapeutischer Erkenntnisgewinnung mit den Möglichkeiten einer therapeutischen Änderung zusammen. Auf der Grundlage einer *für jeden Einzelfall neu* zu entwerfenden Theoriesicht psychischer Gestörtheit wird auch die generelle Theorie der Psychoanalyse als „Metatheorie" fortgeschrieben.

Wegen dieser über persönliche Erfahrungen der beiden Forschungssubjekte „Analysand" und „Analytiker" fortschreitenden Erkenntnisfindung ist gegen die Psychoanalyse von Anfang an der Einwand der Nichtwissenschaftlichkeit erhoben worden. Vor allem aus der Sicht objektivierender Wissenschaftsauffassungen (z.B. von seiten der Klinischen Psychologie) wurde der Psychoanalyse vorgehalten, daß ihre Begriffe nicht eindeutig operationalisiert seien und daß ihre Hypothesen sich der wissenschaftlichen (empirischen, experimentellen) Überprüfung entzögen (vgl. Perrez, 1979).

Von den Psychoanalytikern selbst wird dem entgegengehalten, daß die der Kritik zugrundeliegende positivistische Wissenschaftsauffassung den Funktionszusammenhang von Forschungsprozeß, Methodik und Ergebnis verkenne (z.B. Mertens, 1994). Andererseits ist gegenwärtig bei den Psychoanalytikern die Bereitschaft zur empirischen Überprüfung psychoanalytischer Theorie und Praxis gewachsen. Diese Bereitschaft wuchs u.a. in dem Maße, wie erste empirische Studien und Metaanalysen Hinweise lieferten, daß andere Psychotherapieverfahren den psychoanalytischen Behandlungsansätzen gegenüber als wirksamer betrachtet werden könnten (vgl. Grawe, Donati & Bernauer, 1994).

VERHALTENSTHERAPIE: Empirisch fundierte Behandlungsverfahren zur Beeinflussung wissenschaftlich erklärbarer psychischer Störungen

Die Verhaltenstherapie hat zwar erst in den fünfziger Jahren ihre heutige Bezeichnung erhalten. Dennoch wurde sie ebenfalls bereits seit Beginn dieses Jahrhunderts entwickelt, und zwar in der empirisch orientierten Psychologie (v.a. in der experimentellen Lernpsychologie sowie in der Pädagogischen und Klinischen Psychologie). Spätestens mit ihrer Etablierung als Psychotherapieverfahren (Anfang der fünfziger Jahre durch Wolpe und Eysenck) tritt die Verhaltenstherapie zugleich ausdrücklich als Alternative und in Konkurrenz zur Psychoanalyse auf.

FORSCHUNG. Die Verhaltenstherapeuten wendeten sich vor allem gegen die psychoanalytische Ansicht, daß in jeder Therapie der Weg der Veränderung neu gefunden oder erfunden werden müsse. Wissenschaftliche Erkenntnis über psychisches Funktionieren und über psychische Störungen wurde nicht als das Ziel, sondern *als Voraussetzung für therapeutisches Handeln* betrachtet. Dieses zur Psychoanalyse alternative Forschungsprogramm „empirisch fundierte Therapieplanung" (Schulte, 1996) beinhaltet in der Regel mindestens drei eng miteinander verzahnte Bereiche:

a) Zunächst sind die ätiologischen Bedingungen psychischer Störungen genau zu analysieren und zu erforschen (Verhaltensanalyse, Ätiologieforschung). Benutzt werden dazu experimentelle Forschungsmethoden, epidemiologische Längsschnitt- und Querschnittstudien sowie klinische Einzelfallstudien.

b) Sind die Gesetzmäßigkeiten, die der Entstehung und Aufrechterhaltung psychischer Störungen im Einzelfall oder bei Patienten mit ähnlichen psychischen Störungen zugrunde liegen, bekannt und empirisch gesichert, dann sind genau diese ätiologietheoretischen Erkenntnisse auch maßgeblich und bestimmend für die Entwicklung konkreter Therapiepläne.

c) Die Angemessenheit solcher Art empiriebegründeter Verhaltenstherapie wird dann schließlich in einem weiteren Schritt erneut der genauen Forschung unterzogen (Therapieforschung). Denn erst die empirisch gesicherte Effektivität therapeutischer Methoden gilt als Voraussetzung dafür, diese Behandlungsverfahren für ihre allgemeine Anwendung in der verhaltenstherapeutischen Praxis zu empfehlen.

BEHANDLUNG. Genau dieser Anspruchsetzung folgend setzt die Verhaltenstherapie Erklärungs- und Behandlungsakzente, die im Unterschied zur Psychoanalyse weit über die Zweierbeziehung als Ort der Theoriebildung und Behandlung hinausreichen. Eine dieser Perspektiven besteht in einer stärkeren Beachtung und Gewichtung *sozialpsychologisch-gesellschaftlicher Determinanten* psychischer Störungen. Das Spektrum reicht von den unmittelbaren Bedingungen der Kommunikation und Interaktion (in Familie, Partnerschaft, klinisch-psychologischen Institutionen) über allgemeinere sozialpsychologische und soziale Faktoren (wie z.B. Einstellungen, Haltungen, Etikettierungsprozesse) bis hin zu gemeindepsychologischen, soziologischen und ökopsychologischen Bedingungen. Gleichzeitig findet sich eine strikte Beachtung *biologischer Determinanten* psychischer Störungen, die in der heute so bezeichneten *Verhaltensmedizin* zusätzlich zu den psychischen Störungen (Angst, Depression, Schizophrenie usw.) Auseinandersetzung auch mit den psychologischen Aspekten und Folgen bei *körperlichen Erkrankungen* (Krebs, Aids, Rheuma, Hauterkrankungen etc.) in Gang setzte.

Wurde Verhaltenstherapie urspünglich sehr eng als Anwendung experimentell begründeter Lernprinzipien verstanden, so weitete sich diese Auffassung sehr schnell aus. Für die moderne Verhaltenstherapie ist es typisch, das empirische und theoretische Wissen, das aus der Anwendung empirisch gesicherter Theorien und Methoden *in der gesamten Psychologie und ihren Nachbarwissenschaften* (z.B. Biologie, Physiologie, Soziologie) resultiert, systematisch zur Erklärung, Therapie, Prävention und Rehabilitation psychischer Störungen und körperlicher Erkrankungen einzusetzen. Dabei beinhaltet Verhaltenstherapie nicht mehr nur die Behandlung des Einzelfalls, sondern sie zielt gleichermaßen auf Veränderungen der sozialen Interaktion wie auch auf eine direkte Beeinflussung der Lebensumwelten von Patienten. Letzteres wird spätestens immer dann als indiziert angesehen, wenn aktuelle Lebensbedingungen der Patienten oder ätiologische Hinweise eine solche „systemisch" orientierte Verhaltenstherapie zwingend nahelegen.

Die Psychotherapieschwemme: Die Verlockungen eines expandierenden Therapiemarktes

In den sechziger und siebziger Jahren kam es zeitweilig zu einem wahren Boom immer neuer psychotherapeutischer Verfahren und Methoden. Jene Autoren, die angesichts der immer neuen Verfahren (wohl mit Blick auf das Guiness-Buch der Rekorde) das Hobby ihrer möglichst vollständigen Dokumentation entwickelten, registrierten Anfang der siebziger Jahre ungefähr 50 verschiedene Therapieformen; Anfang der achtziger liegen die Schätzungen schon weit über 250. Aus heutiger Sicht gibt es vermutlich drei Gründe für die Entwicklung dieser „Psychotherapie-Schwemme" (wie der Psychotherapie-Boom pointiert gekennzeichnet wurde; z.B. von Michaelis, 1981):

a) DIE AUSGRENZUNG VON PSYCHOANALYTIKERN AUS DER PSYCHOANALYSE. Die aktive Exkommunikation unliebsamer Querdenker wurde vor allem zu Lebzeiten Freuds betrieben. Später kehrten viele andere der Psychoanalyse freiwillig den Rücken. Sie wurden zumeist ausgegrenzt, wenn sie dem Sexualtrieb und/oder dem Konzept des Unbewußten als Eckpfeiler der triebdynamischen Erklärung psychischer Störungen keinen Glauben mehr schenkten. Die meisten von ihnen entwickelten eigene Vorstellungen über die Ätiologie und Behandlung psychischer Störungen, in denen zumeist *kulturelle, gesellschaftliche und kognitiv-soziale Faktoren* eine zunehmend größere Bedeutung bekamen. Und sie begründeten eigene Behandlungskonzepte und Therapieschulen, die auf ihre Weise für die spätere Psychotherapievielfalt grundlegend wurden. Einige der bekannteren Abweichler sind A. Adler (Individualpsychologie), C.G. Jung (Analytische Psychologie), K. Horney, E. Fromm und H.S. Sullivan (auf die letzten drei geht die spätere Interpersonelle Psychotherapie zurück). Aber auch C.R. Rogers, der die Gesprächspsychotherapie begründete, gehört in einem weiteren Sinne dazu, ebenso E. Berne (mit seiner Transaktionsanalyse) sowie A. Ellis und A.T. Beck (denen die Kognitive Verhaltenstherapie wichtige Anregungen und Innovationen verdankt).

b) HUMANISTISCHE PSYCHOLOGIE UND PSYCHOTHERAPIE. Viele Therapieverfahren entwickelten sich im Rahmen der sog. Humanistischen Psychologie, die sich als eigenständige, gelegentlich ideologisch vertretene Gegenbewegung zur Psychoanalyse und zur frühen behavioral-lerntheoretischen Verhaltenstherapie verstand. Die humanistischen Psychotherapeuten kritisierten vor allem die Menschenbilder der Psychoanalyse (v.a. die biologistische Sicht der Triebdynamik und die vermeintliche Wertneutralität der Behandlung) und der Verhaltenstherapie (v.a. als Kritik ihrer früheren reduktionistischen Theorie und Technologie). Sie stellten die positiven Möglichkeiten menschlicher Subjektivität und damit die ganzheitliche (Selbst-)Erfahrung als Voraussetzung für Änderungsprozesse in den

Mittelpunkt ihrer Therapiearbeit. Neben der Gesprächspsychotherapie (und Carl Rogers als einem der Wortführer der humanistischen Bewegung) gehörte von Anfang an das schon seit den zwanziger Jahren entwickelte Psychodrama (Moreno) dazu, weiter die Gestalttherapie (Perls), die Bioenergetik (Lowen), verschiedene Varianten einer existentiellen Psychotherapie (früh schon Binswanger, später Frankl, Mai und Yalom), die Themenzentrierte Interaktion (Cohen) sowie weitere unterschiedliche Einzel- und Gruppentherapieverfahren (Encounter, Sensory-Awareness, Entspannung, Transzendentale Meditation, Yoga, katathymes Bilderleben, konzentrative Bewegungstherapie, Feldenkrais usw.). Nicht alle Therapieformen, die den Anspruch „Humanistische Psychotherapie" für sich geltend machten, dürften jedoch in jener Weise die Selbsterfahrung und Subjektivität als bedeutsamen Faktor menschlicher Entwicklung und therapeutischer Änderung betont haben, wie dies noch von den Vordenkern dieser Bewegung (z.B. Rogers, Mai, Frankl) mit humanistisch-existentialistisch-phänomenologischer Anspruchsetzung verlangt worden war.

c) SCHLIEẞLICH BELEBTE DAS ANGEBOT DIE NACHFRAGE, UND DER ZUNEHMENDEN NACHFRAGE FOLGTEN WEITERE ANGEBOTE. Nochmals wesentlich angestoßen wurde der Psychoboom durch die weltweite Encounter-Bewegung, in der die humanistischen Therapeuten das Hohelied einer „Psychotherapie für jedermann" anstimmten und damit fortfuhren, immer neue/alte Therapieschöpfungen zu vermarkten (z.B. Aikido, Mythosynthesis,

Soap-Opera-Therapie, Vita-Erg-Therapie, Hakomi, Primärtherapie, Neurolinguistisches Programmieren). Die meisten dieser Kreationen kamen aus den Vereinigten Staaten und wurden (pardon: werden teils immer noch) weltweit unter ihren geheimnisvoll-vielversprechenden Ursprungsbezeichnungen angeboten (z.B. Rebirthing, Impasse-Priority-Therapie, Mainstreaming, Mutual-Need-Therapie, New-Identity-Process). Therapiebücher mit reißerischen Therapietiteln wie Janovs „Der Urschrei" (Primärtherapie) fanden riesigen Absatz. Selbst seriöse Kliniken richteten zunehmend schallisolierte Therapieräume in ihren Kellern ein, um den (vermeintlichen) Nachfragen der Patienten nach einem „ganzheitlichen Austoben und Ausschreien des Urschmerzes" unter „professioneller Anleitung" zu entsprechen. Heute wirkt es schon makaber: Viele schnell 'mal eben wochenends ausgebildeten Therapeuten (Psychologen wie Mediziner) glaubten seinerzeit (zumeist in der Folge von Selbsterfahrungskursen für *nicht* psychisch gestörte Menschen/Therapeuten) an die Wirkkraft des Ur-Schreiens – und wendeten das Verfahren bei Patienten an, ohne daß jemals ernstzunehmende Studien zur faktischen Effektivität der Primärtherapie bei psychisch gestörten Patienten publiziert worden waren. Und ähnlich unkritisch wurden viele der anderen Verfahren aus Selbsterfahrungskursen für gesunde Therapeuten auf die Behandlung psychisch gestörter Patienten wie zunehmend auch gesunder Personen übertragen – zum Teil mit verheerenden Folgen (vgl. unten: die Untersuchung von Lieberman et al., 1973).

BEGINNENDE THERAPIEFORSCHUNG. Konkurrenz und Psychotherapievielfalt waren und sind solange gut, wie berechtigte Unsicherheiten über die zentralen Wirkmechanismen und Wirkvariablen von „Psychotherapie“ bestehen. Leider war die empirische Psychotherapieforschung seit Anfang der fünfziger Jahre und mit Blick auf die Legitimationsnotwendigkeit der Heilwirkung von Psychotherapie gegenüber der Öffentlichkeit vorrangig daran interessiert, zunächst einmal die allgemeine Wirksamkeit von Psychotherapie überhaupt zu bestimmen (sog. *Outcome*- oder Effekt-Forschung). Erste Metaanalysen kamen dann sehr bald zu dem beruhigenden Schluß, daß Psychotherapie günstige Wirkungen entfaltet. Und auf den ersten Blick schien es sogar so zu sein, als sei diese Wirksamkeit relativ unabhängig davon, mit welchem Verfahren die jeweiligen Patienten behandelt wurden (Smith & Glass, 1977).

Das genau war zusätzliches Wasser auf die Mühlen der vielen alten und neuen Propheten psychotherapeutischer Heilverfahren. Zwar galt dieser allgemeine Befund (Psychotherapie wirkt!) nur für jene Verfahren, die sich bis dahin der empirischen Prüfung tatsächlich unterzogen hatten – und das waren nur sehr wenige (vorrangig: Verhaltenstherapie, Kognitive Therapie, Gesprächspsychotherapie und einige psychoanalytische Kurzzeittherapien). Von den Vertretern anderer Verfahren wurde dieses globale Ergebnis (Psychotherapie ist hilfreich, Unterschiede zwischen Verfahren gibt es nicht) jedoch in gelegentlich unverfrorener Weise als Beleg für die Wirksamkeit auch der von ihnen propagierten Alternativen ins Feld geführt (vgl. Fiedler, 1987).

PROBLEME UND GEFAHREN. Gleichzeitig mehrten sich die *Berichte über Negativwirkungen* verschiedener Therapieableger: Man lese hierzu z.B. nochmals die Studie von Lieberman, Yalom und Miles über Encountergruppen (1973), in der ausführlich dargelegt ist, daß und warum der Besuch unterschiedlicher Psychotherapie- und Encoutergruppen selbst für manche psychisch gesunde Menschen mit einem Desaster enden kann, einschließlich einer Aufnahme in die Notfallpsychiatrie. Annähernd zehn Prozent der von Lieberman et al. untersuchten und zuvor *nicht* psychisch gestörten 206 Personen, die unterschiedliche „Psychotherapiegruppen für jedermann" einschließlich vermeintlich seriöser Verfahren (wie Gesprächspsychotherapie und Psychoanalyse) besuchten, entwickelten eindeutig *in der Folge der Gruppenarbeit* psychische Störungen, die auch noch ein halbes Jahr nach Therapieabschluß diagnostizierbar blieben (ausführlich nochmals bei Fiedler, 1996). Die Psychotherapieschwemme mit ihren zahllosen unüberprüften Varianten erschien zunehmend als ernstzunehmende Gefährdung des Berufsstandes der Psychotherapeuten, ja sie wurde sogar als Bedrohung für die Psychologie als Ganzes wahrgenommen (Michaelis, 1981).

Die Gefahren und Probleme der unkontrollierbar gewordenen Psychotherapieschwemme wurden schon früh gesehen und diskutiert. Es galt zwingend, die Psychotherapie von ihren unklaren Grauzonen zu befreien, insbesondere von den für Patienten nicht sehr hilfreichen, wenn nicht gar gefährlichen und schädigenden „Therapie"-Varianten. Diesem Anspruch kam einerseits die Unübersichtlichkeit des Psychotherapiemarktes selbst entgegen: Die zunehmende Konkurrenz in der Psychotherapieschwemme gehorchte den Gesetzen des freien Marktes, und dies führte – für sich betrachtet – bereits Anfang der achtziger Jahre dazu, daß sich die Vielzahl der Therapievarianten erheblich reduzierte.

LÖSUNGSWEGE. Der Weg, den Wissenschaftler und Vertreter der ernstzunehmenden Therapieformen zur Bereinigung des „Psychobooms" vorschlugen, geht (a) über die transparente und damit nachvollziehbare Dokumentation therapeutischer Praxis, (b) über eine wissenschaftliche Überprüfbarkeit der Therapieangebote und damit (c) ganz eindeutig über eine wissenschaftlich fundierte und allgemein akzeptierte Wirksamkeitsforschung. Zwei Lösungen wurden und werden von seiten der Wissenschaft „Psychotherapie" seit Mitte der siebziger Jahre vorrangig zur Überwindung der Psychotherapievielfalt empfohlen und zunehmend realisiert:

- die Suche nach den gemeinsamen, schulübergreifend bedeutsamen Wirkfaktoren von Psychotherapie;
- die Suche und Entwicklung störungsspezifischer Behandlungskonzepte.

Die heute erreichte Substanz der Forschungsbemühungen um beide Lösungswege, die ihrerseits zur weiteren Bereinigung des Psychotherapiemarktes beitrug, soll nachfolgend kurz zusammengefaßt werden.

Integrative oder Allgemeine Psychotherapie: Die Suche nach den gemeinsamen Wirkungen therapeutischer Kunst

Die Behandlungseigenarten und Therapiemethoden der einzelnen Psychotherapiekonzepte unterscheiden sich beträchtlich. Dies zu belegen, bedurfte es keiner vergleichenden Psychotherapieforschung. Seit den ersten Metaanalysen stellte sich vielmehr die Frage, wie mit dem paradoxen *outcome*-Befund umzugehen war, daß die untersuchten unterschiedlichen Konzepte in den frühen Metaanalysen zu recht ähnlichen Effekten führten (was sich später nicht mehr so eindeutig zeigte: vgl. Grawe et al., 1994). Seit Beginn der siebziger Jahre wurde hierzu von einigen Forschern – allen voran von Jerome Frank oder auch im deutschsprachigen Raum von Reiner Bastine – die Meinung vertreten, daß es vielleicht eher gemeinsame, „unspezifische" Faktoren in den unterschiedlichen Therapiekonzepten seien, denen entscheidende Anteile an der Effektivität zugesprochen werden müsse.

INTEGRATIVE PSYCHOTHERAPIE. Als ein hoffnungsvoller Ausweg aus der Verfahrenszersplitterung wird seither die Perspektive einer sog. *Integrativen Psychotherapie* diskutiert (gelegentlich auch die einer wissenschaftlich legitimierten *Eklektischen Psychotherapie*; vgl. Prochaska & DiClimente, 1984). Die an dieser Frage interessierten Forscher (insbesondere Verhaltenstherapeuten, Gesprächspsychotherapeuten und Psychoanalytiker) hatten sich ebenfalls bereits in den siebziger Jahren zu zwei weltweiten Vereinigungen zusammengeschlossen (einerseits der *Society for the Exploration of Psychotherapy and Psychotherapy Integration [SEPI]*, andererseits der *Society for Psychotherapy Research [SPR]*). Anliegen der SEPI wie der SPR ist bis heute die schulenübergreifende Suche nach und Untersuchung von gemeinsamen Wirkfaktoren von Psychotherapie (sog. *common-factor*-Forschung). Die wichtigsten der in diesem Zusammenhang diskutierten und beforschten Faktoren sind u.a. (a) *Patientenvariablen* wie Veränderungserwartungen, Veränderungsmotivation, Übertragung, Widerstand, Schweregrad der psychischen Störung usw., (b) *Therapeutenvariablen* wie vor allem Empathie, Kongruenz, Gegenübertragung und Transparenz usw. sowie (c) *Qualitäts- und Prozeßmerkmale der Therapeut-Patient-Beziehung* wie z.B. das therapeutische Arbeitsklima oder die therapeutische Auflösung von Beziehungskrisen (vgl. die Übersichten zu den drei Bereichen im *Handbook of Psychotherapy and Behavior Change*; Bergin & Garfield, 1994).

ALLGEMEINE PSYCHOTHERAPIE. Neben Patienten-, Therapeuten- und Beziehungs-/Prozeßvariablen werden neuerlich auch noch schulübergreifend wichtige *Therapie- und Veränderungsprinzipien* diskutiert, die einige Forscher gern einer neu zu entwickelnden *Allgemeinen Psychotherapie* zugrunde legen möchten – allen voran Klaus Grawe und Mitarbeiter mit dem Berner Wirkprinzipien-Modell der Psychotherapie. Grawe glaubt (aufgrund seiner eigenen therapievergleichenden Metaanalysen; Grawe, Donati & Bernauer, 1994), daß es im wesentlichen *vier allgemeine Wirkprinzipien* sind, denen schulübergreifend die größte Bedeutsamkeit für positive Änderungsprozesse in der Psychotherapie zugeschrieben werden müsse (Grawe, 1995): (a) *Problemaktualisierung*: direktes Herangehen und Fokussierung der Therapie auf die spezifischen Probleme der Patienten; (b) *Ressourcenaktivierung:* Stärkung der Selbstheilungskräfte und Res-

„Seid Ihr die Psychotherapieschwemme? Ich bin die Allgemeine Psychotherapie. Wo versteckt sich denn der Eklektizismus?"

sourcen der Patienten; (c) *Problembewältigung:* aktive Hilfen und Unterstützung durch die Therapeuten bei der Lösung konkreter Probleme und (d) *Klärung:* eine ausreichende Analyse und sinnstiftende Ausdeutung der Problemursachen. Wie diese vier Wirkfaktoren in das Grundkonzept einer *Allgemeinen Psychotherapie* integriert und in konkrete Therapieplanungen umgesetzt werden könnten, das wird z.Zt. beispielgebend von der Berner Arbeitsgruppe ausgelotet (vgl. z.B. Grawe, Grawe-Gerber, Heiniger, Ambühl & Caspar, 1996).

PROBLEME UND GRENZEN INTEGRATIV-ALLGEMEINER PSYCHOTHERAPIE. Nun wirft jedoch die *common-factor*-Forschung eine Reihe von Problemen auf, die zunehmend die Grenzen einer Integration psychotherapeutischer Verfahren aufzeigen. So muß und kann beispielsweise die Betonung einer grundsätzlichen Wichtigkeit aller oder einzelner allgemeiner Faktoren für Änderungsprozesse aufgrund empirischer Befunde wie theoretischer Überlegungen stark in Zweifel gezogen werden. Dies insbesondere dann, wenn man die bisherigen prinzipiell unterschiedlichen Begründungszusammenhänge verschiedener Verfahren nicht vorschnell aus den Augen verliert. Drei Beispiele:

a) In einigen Übersichtsarbeiten wird herausgestellt, daß beispielsweise in empirischen Studien zur „Empathie des Therapeuten" nicht nur positive, sondern auch unbedeutende oder sogar ungünstige Beziehungen zwischen „Empathie" und Therapieerfolg herstellbar waren (vgl. die Übersicht bei Fiedler, Albrecht, Rogge & Schulte, 1994).

b) Weiter wird von den *common-factor*-Forschern zu selten beachtet, daß den in der Psychotherapie auftretenden *Störungen und Krisen in der Therapeut-Patient-Beziehung* (je nach Therapieverfahren konzeptuell begründet) völlig unterschiedliche Bedeutungen beigemessen wird (Fiedler, 1994): Von den analytisch-tiefenpsychologischen Forschern werden therapeutische Krisen *als wünschenswert oder notwendig* betrachtet, weil Übertragung, Gegenübertragung oder Übertragungsneurosen zu den zentralen Wirkvariablen des therapeutischen Prozesses zählen. Für die Verhaltenstherapeuten sind Störungen der Therapeut-Patient-Beziehung *zumeist Ausdruck eines nicht hinreichend realisierten therapeutischen Basisverhaltens*. Störungen stehen in diesem Sinne einer positiv-wünschenswerten Änderung eher im Wege.

c) Schließlich dürfte das in Grawes Wirkprinzipienmodell festgelegte zielorientierte und auf direkte Problembewältigung angelegte Vorgehen z.B. bei den Psychoanalytikern erheblich Vorbehalte auslösen, weil eine psychoedukative Therapie regressive Prozesse bei Patienten vorzeitig unterbricht. Die Ausdeutung und Bearbeitung regressiver Übertragung zählt nun jedoch zu den wesentlichen Wirkprinzipien jedweder psychoanalytischer Therapie – vorausgesetzt, eine Übertragung (bis hin zur „Übertragungsneurose" in der Langzeitbehandlung) kann sich ausreichend entfalten und wird nicht vorschnell unterbrochen.

Diese angedeutete Widersprüchlichkeit ist durchaus positiv zu sehen, macht sie doch unmißverständlich deutlich, daß Psychotherapie keineswegs nur ein einfach handhabbares Mittel zur schnellen Beseitigung seelischen Leidens darstellt – wie es viele der Leitfiguren im Kontext der Psychotherapieschwemme vorgaukeln wollten. Eines hat die *common-factor*-Forschung bis heute jedoch zweifelsfrei belegen können: *Immer* hängt der Erfolg einer Psychotherapie davon ab, ob es Therapeuten und Patienten gelingt, eine gute Arbeitsbeziehung herzustellen. Wie diese konkret aussieht und wie sich diese im Therapieverlauf ausgestaltet, das wiederum sieht von Verfahren zu Verfahren recht unterschiedlich aus.

STÖRUNGSSPEZIFISCHE PSYCHOTHERAPIE: Selektive Indikation auf der Grundlage ätiologie- und empiriebegründeter differentieller Behandlungskonzepte

Wenn es in den vergangenen zehn Jahren zu erheblichen Fortschritten dahingehend gekommen ist, die Anzahl erfolgreicher Psychotherapien entscheidend zu steigern, so darf dies ganz fraglos für eine neue Art psychologischer Therapieperspektive gelten, die sich am besten als *Störungsspezifische Psychotherapie* bezeichnen läßt (vgl. Fiedler, 1994; 1996). Die Entwicklung hin zur störungsspezifischen Psychotherapie vollzog sich zunächst und am eindrücklichsten an den Forschungsinstitutionen (in den Universitätsinstituten und Universitätskliniken und zwar zunächst in jenen mit verhaltenstherapeutischer Orientierung). Gegenwärtig zeitigt diese verhaltenstherapeutisch inspirierte Umorientierung bereits deutliche Wirkungen in stationären Behandlungskonzepten der übrigen psychiatrischen und verhaltensmedizinischen Kliniken außerhalb der Universität (vgl. Zielke & Sturm, 1994). Diese Entwicklung ist jedoch nicht auf die Verhaltenstherapie beschränkt. Erste Initiativen und ähnliche Perspektiven für eine störungsspezifische Psychotherapiekonzeption finden sich bereits längere Zeit auch im Kontext der psychoanalytischen Psychosomatik (vgl. Uexküll, 1986; Rudolf, 1993). Und interessanterweise entwerfen auch die Gesprächspsychotherapeuten zunehmend störungsspezifische Variationen des früheren globalen klientenzentrierten und beziehungsorientierten Vorgehens (vgl. Lietaer, Rombauts & Balen, 1990; Swildens, 1991).

THERAPIEPRAXIS. Konkret in die Praxis übersetzt bedeutet Störungsspezifische Psychotherapie: Selbst innerhalb der drei genannten Globalkonzepte (Verhaltenstherapie, Psychoanalyse, Gesprächspsychotherapie) sieht heute z.B. eine Psychotherapie bei Ängsten und Phobien gänzlich anders aus als eine Psychotherapie bei Depression. Und die Therapieziele und konkreten Vorgehensweisen in der Behandlung einer Alkohol- bzw. Drogenabhängigkeit sind völlig andere als die Ziele und Therapiestrategien in der Behandlung der Borderline-Persönlichkeitsstörung. Am weitesten ausgearbeitet sind die störungsspezifischen Konzepte aller drei Therapieschulen im Bereich schwerer psychiatrischer Störungen (der Schizophrenie und der endogenen Depression).

WEGE ZU EINER POSITIVEN KONKURRENZ DER THERAPIESCHULEN. Bei genauer Betrachtung ist es gar nicht abwegig, die Entwicklung störungsspezifischer Behandlungskonzepte als jenen „Stein der Weisen" zu sehen, der es langfristig ermöglichen könnte, daß omnipotente „Denken in Therapieschulen" über Bord zu werfen (Fiedler, 1994). Der besondere Akzent, den eine störungsspezifische Behandlung ermöglicht, liegt in der *ätiologietheoretischen Begründung und vergleichenden Erforschung unterschiedlicher therapeutischer Maßnahmen* (einschließlich der Beachtung störungsspezifischer Besonderheiten, die sich für die Therapeut-Patient-Beziehung ätiologietheoretisch herleiten und empirisch begründen lassen) – mit dem allgemeinen und langfristigen Ziel der Entwicklung und empirischen Fundierung von Kriterien für eine *selektive* und *differentielle Indikation* (vgl. unten).

Gemeint ist hier also *nicht* die Integration! Bei den heute hauptsächlich praktizierten und wissenschaftlich legitimierten psychotherapeutischen Verfahren (Psychoanalyse, Verhaltenstherapie und Gesprächspsychotherapie) handelt es sich nämlich um *genuin unterschiedliche Therapiestrategien*, die sich nicht integrieren lassen! Deshalb sollte auch die prinzipielle Unterschiedlichkeit der therapeutischen Grundkonzepte (*als deren Vorteile!*) nicht vorschnell verwischt werden – egal unter welchem Label auch immer. Keines der bisher als „allgemeine" oder „integrative" Psychotherapie (gelegentlich gar als „eklektische Therapie") ausgearbeiteten Konzepte verfügt bis heute über hinreichende empirische Evidenz, schon gar nicht über die Ausarbeitung störungsdifferenzierender Konzepte.

Störungsspezifische Psychotherapie heißt *nicht* standardisierte Psychotherapie, wenngleich sie für eine Standardisierung des therapeutischen Vorgehens sicherlich ein wichtiger Zwischenschritt ist (etwa zu ihrer Ökonomisierung oder besseren Erforschung). Das wesentliche Merkmal störungsspezifischer Psychotherapie ist *die ätiologietheoretische Begründung des individuellen therapeutischen Vorgehens*. Genau dieser Aspekt verdeutlicht, warum eine störungsspezifische Therapie zur Überwindung der wechselseitig ausgrenzenden Schulenkonkurrenz in der Psychotherapie beitragen könnte.

SELEKTIVE UND DIFFERENTIELLE INDIKATION. Die störungsspezifische Perspektive eröffnet nämlich eine Möglichkeit zur Lösung der bisher so schwer handhabbaren Probleme einer *selektiven* und *differentiellen Indikation*. Sie erlaubt nämlich eine vorurteilsfreiere Diskussion und Untersuchung der Frage, welches der Psychotherapieverfahren bei welcher psychischen Störung weshalb die besseren Voraussetzungen erfüllt. Zum Beispiel: Ob etwa bei einer konkreten psychischen Störung (etwa bei einer Somatisierungsstörung) der typisch psychoanalytische Prozeß der Entfaltung einer Übertragungsneurose angezielt werden könnte – oder ob dessen frühzeitige verhaltenstherapeutische und psychoedukative Unterbrechung bessere Erfolgsaussichten verspricht, *das genau sollte aus der Sicht unterschiedlicher Therapieschulen ätiologie-theoretisch begründet werden, in die Planung differentieller Therapiekonzepte einfließen, die dann vergleichend untersucht werden.* Und: Eine solche vergleichende Therapieforschung sollte in positiver Konkurrenz der Schulen *miteinander* erfolgen und nicht mehr so sehr oder nurmehr nachgeordnet innerhalb des Begründungs- und Forschungskontextes nur eines einzelnen therapeutischen Verfahrens. Gespräche (zwischen Psychoanalytikern und Verhaltenstherapeuten) haben dazu 1996 erstmals auch in Deutschland auf zwei Konferenzen in Mainz und Bad Kreuznach stattgefunden.

Die störungsspezifische Perspektive ist in den vergangenen Jahren durch enorme Verbesserungen im Bereich der psychiatrischen Klassifikation erleichtert worden (ICD-10 und DSM-IV), an deren Entwicklung ja auch Vertreter der wichtigsten Therapieschulen beteiligt waren. Die Störungsorientierung ermöglicht das Wegrücken von ideologischen Konkurrenz- und Abgrenzungsdebatten u.a. deshalb, weil inzwischen wenigstens ein Konsens in der Störungsbenennung möglich ist und damit eine Diskussion, die die Aufmerksamkeit zunächst auf Teilaspekte lenken könnte, nämlich auf spezifische psychische Störungen als zeitweilige Domaine einer Kontroverse.

Schwierig genug wird diese Auseinandersetzung immer noch werden, geht sie doch *in jedem Fall* an die Substanz tradierter Omnipotenzphantasien, die nach wie vor in jeder Therapieschule vertreten werden. Das genau sollte sie aber auch. Denn m.E. geht langfristig kein Weg daran vorbei, die bisher sträflich von den traditionellen Therapieschulen vernachlässigte Frage des *Geltungsanspruches* und der *Realgeltung* der jeweiligen Konzeption endlich einmal in den Mittelpunkt zu rücken (Bastine, 1987; Fiedler, 1994). Diese, eine hohe Bereitschaft zur Selbstkritik voraussetzende Diskussion kann übrigens überhaupt nicht gegeneinander, sondern sinnvoll *nur miteinander* geführt werden. Vielleicht gelingt sie zukünftig störungsspezifisch.

Verhaltenstherapie als moderne psychologische Psychotherapie: Die Ausbildung der Patienten zu Experten und (Selbst-)Therapeuten ihrer psychischen Störungen

Ich habe bereits angedeutet, daß ich Fortschritte im Bereich einer wissenschaftlich begründeten Psychotherapie (wie auch den zukünftigen Umgang mit der Psychotherapievielfalt) *nicht* in einer konzeptuellen Integration vermute. Das heißt, daß ich der entschiedenen Ansicht bin, *daß es keine Integrative Therapie und gleichermaßen keine Allgemeine Psychotherapie geben sollte*! In diesem Punkt möchte ich vielmehr Bastine (1992) zustimmen, der ebenfalls nur in einer *positiven Konkurrenz unterschiedlicher Therapieverfahren miteinander* ein großes Potential an Anregung und Kreativität vermutet, welches bei jedwedem krampfhaften Integrationsbemühen nur verlorengehen könnte. Voraussetzung für diese Art positiver Konkurrenz der Psychotherapieschulen miteinander ist jedoch, daß eine Bereitschaft zur wissenschaftlichen Legitimation der eigenen Positionen vorhanden ist und kontinuierlich gepflegt wird.

VERHALTENSTHERAPIE. Eine dieser Seiten innerhalb der schulenübergreifenden Konkurrenzdiskussion möchte ich abschließend (nunmehr: *parteiergreifend*) mit einer Perspektive beleben, wie sie mir selbst als *moderne psychologische Psychotherapie* vorschwebt. Es ist das Bild einer Psychotherapie, das sich über die letzten Jahre hinweg in der Klinischen Psychologie und in der Verhaltenstherapie herauskristallisiert. Wichtigster Grund für die Modernisierung der Verhaltenstherapie war und ist ihre festgefügte Einbettung in die Grundlagen- und Anwendungsforschung der Klinischen Psychologie. Die moderne Alternative der Verhaltenstherapie, die konzeptuelle Anregungen auch für eine schulübergreifende Indikationsdiskussion entfalten könnte, lautet:

- patienten- und störungsspezifische Indikation und Behandlung
- phänomen-, methoden- und zielorientiertes Vorgehen
- differentielle Konzepte für Prävention, Psychotherapie und Rehabilitation.

Je mehr das klinisch-psychologische Grundlagenwissen über Entstehung, Verlauf und Behandlung spezifischer psychischer Störungen zunimmt, um so weniger scheint es notwendig, die Psychotherapie selbst noch als Ort „psychologisierender“ Theoriebildung und Konzeptentwicklung zu betrachten. Vielmehr wird das vorhandene Störungswissen zur Voraussetzung gemacht, an die eine verhaltenstherapeutische Prävention, Psychotherapie und Rehabilitation psychischer Störungen und Probleme *unmittelbar und zielorientiert* anknüpfen kann (vgl. die beeindruckende Vielfalt psychologischer Behandlungskonzepte bei psychischen Störungen, Behinderungen und chronischen Krankheiten z.B. bei Margraf, 1996 [für die Einzelfalltherapie] und bei Fiedler, 1996 [für Psychotherapiegruppen]).

PSYCHOLOGISCHE PSYCHOTHERAPIE. Wie sieht nun der qualitative Sprung von der Verhaltenstherapie in Richtung moderne psychologische Psychotherapie aus? Die Antwort auf diese Frage fällt aus meiner Sicht zunehmend eindeutiger aus. Denn: Je mehr das spezifische Wissen über Entstehung und Beeinflussung psychischer Störungen zunahm, um so mehr setzte sich bei Verhaltenstherapeuten und Klinischen Psychologen eine wichtige Erkenntnis durch. Diese Erkenntnis geht konvergent in die Richtung, daß es sich lohnen könnte, genau dieses angesammelte Fachwissen gebündelt an jene weiterzugeben, die es in erster Linie betrifft: *an die Patienten!*

So lautet denn die übereinstimmende Forderung in fast allen Verhaltenstherapiekonzepten, die in den vergangenen Jahren für Psychotherapie, Prävention und Rehabilitation entwickelt wurden: Die psychische Störung, eine Behinderung oder das körperliche Leiden der Betroffenen *zum zentralen Thema* machen!

Eine solche allgemeine Zielsetzung würden zwar auch noch viele Vertreter anderer Psychotherapieschulen für sich reklamieren, jedoch zumeist etwas völlig anderes als die Verhaltenstherapeuten damit meinen und aussagen wollen.

KONKRETE THERAPIEZIELE. Das *spezifisch Verhaltenstherapeutische* dieser hier gemeinten Zielperspektive liegt nämlich in der *Radikalität* und *Konsequenz*, mit der eine diagnostizierbare psychische Störung, Krankheit oder Behinderung (wie z.B. eine „Depression", „Phobie", „Schizophrenie", „Neurodermitis", „Epilepsie", „AIDS" oder das „Stottern") dann auch faktisch zum Zentralthema psychotherapeutischer Tätigkeit gemacht wird: nämlich im Rahmen einer sog. „systematischen Patientenschulung" (vgl. Fiedler, 1996). Diese psychoedukative Akzentsetzung psychologischer Psychotherapie beinhaltet u.a. folgende konkrete Zielaspekte:

- Die Patienten sollten *maximal informiert und aufgeklärt* werden! Patienten sollten wissen, was die wissenschaftliche Forschung über ihre psychische Störung, körperliche Erkrankung oder Behinderung weiß – also z.B. über Ursachen und Entstehung, über Verlauf und Prognose, über fachkundige Behandlung und Rehabilitation.

- Auf der Grundlage des vorhandenen Störungs- und Änderungswissens sollten die Betroffenen *möglichst konkret, präzise und fundiert* zur Bewältigung ihrer Probleme angeleitet werden.

- Patienten sollten professionell und systematisch darin geschult werden, wie ein *Selbstmanagement* persönlicher Schwierigkeiten zu gestalten ist und wie dieses langfristig stabilisiert werden kann. Das heißt weiter:

- Die Patienten sollten sachlich und fundiert *über mögliche Rückfallrisiken aufgeklärt werden.* Und mit den

Patienten zusammen sind Strategien zu erarbeiten und einzuüben, *wie Rückfälle kompetent vermieden werden können.*

- Wann immer möglich und sinnvoll, sind an der Behandlung der Patienten *die unmittelbaren Bezugspersonen zu beteiligen* (Angehörige, Partner, Kinder, Mitarbeiter des weiteren therapeutischen Teams, Bewährungshelfer usw.).
- Auch die Bezugspersonen sollten umfassend mit den vorliegenden Kenntnissen über Ätiologie, Verlauf und Behandlung der jeweiligen psychischen Störung vertraut gemacht werden. Dies sollte insbesondere dann geschehen, wenn ihre Mitarbeit *zur sozialen Unterstützung* wie *zur Transfersicherung therapeutischer Maßnahmen* notwendig wird. Zumindest sollten Bezugspersonen über alle Behandlungsaspekte gut informiert sein, die sie betreffen könnten.
- Kurz: Eine moderne psychologische Psychotherapie zielt darauf ab, *die Patienten und die Personen ihrer Bezugsgruppe zu Experten der jeweiligen psychischen Störungen zu machen.*
  Das geht natürlich nur, wenn die Therapeuten Störungs-Spezialisten sind und ihr Expertenwissen mit den Betroffenen maximal teilen.

Genau das ist das wesentliche Merkmal einer modernen psychologischen Therapie: *Das vorhandene Wissen über Entstehung, Verlauf und Behandlung psychischer Störungen, Behinderungen oder chronischer Krankheiten direkt weiter- oder weggeben an diejenigen, die es betrifft!* Und genau dies ist zugleich der wohl wesentlichste Aspekt, der aus meiner Sicht eine moderne, psychologisch fundierte Verhaltenstherapie von den übrigen Psychotherapieverfahren (Psychoanalyse, Gesprächspsychotherapie usw.) grundlegend unterscheidet.

DEFINITION. Psychologische Verhaltenstherapie entspricht heute übrigens weitestgehend einem Anspruch an Psychotherapie, wie dieser bereits 1974 von Hans Strotzka – einem tiefenpsychologisch orientierten Psychotherapeuten – in einer *Definition von Psychotherapie* präzise festgelegt wurde und der hier nochmals in Erinnerung gebracht werden soll:

„Psychotherapie ist ein bewußter und geplanter interaktioneller Prozeß zur Beeinflussung von Verhaltensstörungen und Leidenszuständen, die mit einem Konsens (möglichst zwischen Patient, Therapeut und Bezugsgruppe) für behandlungsbedürftig gehalten werden, mit psychologischen Mitteln (durch Kommunikation) meist verbal aber auch averbal, in Richtung auf ein definiertes, nach Möglichkeit gemeinsam erarbeitetes Ziel (Symptomminimalisierung und/oder Strukturänderung der Persönlichkeit) mittels lehrbarer Techniken auf der Basis einer Theorie des normalen und pathologischen Verhaltens“ (Strotzka, 1974, S. 4).

KLARHEIT UND TRANSPARENZ. Patienten, die heute mit psychischen Störungen einen psychologischen Psychotherapeuten konsultieren, können in den allermeisten Fällen sicher sein, daß sie eine klar aufgebaute, in jedem Schritt gut nachvollziehbare und zumeist bereits gut evaluierte Behandlungsmöglichkeit offeriert bekommen. Nicht nur das: Sie können gleichermaßen sicher davon ausgehen, daß sie – angesichts des inzwischen erreichten Wissensstandes – selbst zu verhaltenstherapeutischen

Experten ihrer psychischen Probleme und deren (Selbst-) Behandlungsmöglichkeiten ausgebildet werden.

Ganz im Unterschied zu den meisten anderen Psychotherapieverfahren „funktioniert“ psychologische Verhaltenstherapie fast ausnahmslos in einer Weise, die einem Patienten *eben nicht mehr abverlangt*, tiefenpsychologische, gefühls- oder konfliktorientierte „Erkenntnisgenerierung“ oder „Theoriebildung“ über sich selbst und im Gespräch mit dem Therapeuten zu betreiben. Und in einer *Gruppen-Verhaltenstherapie* werden die Patienten überraschend feststellen, daß es kaum mehr die möglicherweise befürchteten gruppendynamischen Gespräche über Gruppenkonflikte gibt (weil diese in einer klar strukturierten Verhaltenstherapie selten auftreten). Sie werden also mit vielen negativen Vorurteilen brechen dürfen, die sie bis dahin über (Gruppen-)Psychotherapie hatten.

In dem Maße, wie Patienten viele ihrer ängstigenden Vorurteile über Psychotherapie über Bord werfen, werden sie schließlich die Klarheit und Transparenz, mit der Verhaltenstherapeuten arbeiten, kennen- und schätzenlernen. Es werden sich für sie – und zwar durch den Verhaltenstherapeuten ausdrücklich angeregt – Perspektiven eröffnen, die ihnen vielfach völlig neuartige Wege aufzeigen, wie sie aus der bisherigen Verfangenheit in ihren psychischen Störungen und Problemen herausfinden können. Und sie werden diese neuen Wege, *wenn sie denn wollen*, auch beschreiten. Ob sie dies wirklich tun oder ob sie es mit Bedacht unterlassen, neue Wege in ihrem Leben zu gehen, das wiederum ist manchmal eine andere Geschichte ...

Literatur

Bastine, R. (1987). Entwicklungen und Kontroversen in der Klinischen Psychologie. In M. Amelang (Hrsg.), *Bericht über den 35. Kongreß der Deutschen Gesellschaft für Psychologie in Heidelberg 1986* (S. 501 - 513). Göttingen: Hogrefe.

Bastine, R. (1992). Psychotherapie. In R. Bastine (Hrsg.), *Klinische Psychologie* (Bd. 2; S. 179 - 308). Stuttgart: Kohlhammer.

Bergin, A.E. & Garfield, S.L. (Eds.) (1994). *Handbook of psychotherapy and behavior change* (4th ed.). New York: Wiley.

Fiedler, P. (1987). Paradigmawechsel in der Psychotherapieforschung. *Universitas: Zeitschrift für Wissenschaft, Kultur und Literatur, 42,* 1055 - 1064.

Fiedler, P. (1994). Störungsspezifische und differentielle Indikation: Gemeinsame Herausforderung der Psychotherapieschulen. Oder: Wann ist endlich Schluß mit dem Unsinn der Konkurrenz? *Psychotherapieforum, 2,* 20 - 29.

Fiedler, P. (1996). *Verhaltenstherapie in und mit Gruppen. Psychologische Psychotherapie in der Praxis.* Weinheim: Psychologie Verlags Union.

Fiedler, P., Albrecht, M., Rogge, K.E. & Schulte, D. (1994). Wenn Verhaltenstherapeuten mit ihren phobischen Patienten über Ängste sprechen: Eine Episodenstudie zur prognostischen Relevanz therapeutischer Lenkung und Empathie. *Verhaltenstherapie, 4,* 243 - 253.

Grawe, K. (1995). Grundriß einer allgemeinen Psychotherapie. *Psychotherapeut, 40,* 130 - 145.

Grawe, K., Donati, R. & Bernauer, F. (1994). *Psychotherapie im Wandel. Von der Konfession zur Profession.* Göttingen: Hogrefe.

Grawe, K., Grawe-Gerber, M., Heiniger, B., Ambühl, H. & Caspar, F. (1996). Schematheoretische Fallkonzeption und Therapieplanung. In F. Caspar (Hrsg.), *Psychotherapeutische Problemanalyse* (S. 189 - 268). Tübingen: dgvt-Verlag.

Lieberman, M.A., Yalom, I.D. & Miles, M.B. (1973). *Encounter groups: First facts.* New York: Basic Books.

Lietaer, G., Rombauts, J. & Balen, R.v. (Eds.) (1990). *Client-centered and experiential psychotherapy in the nineties.* Louvain/Leuven (B): Leuven University Press.

Margraf, J. (Hrsg.) (1996). *Lehrbuch der Verhaltenstherapie* (Bd. 1 und 2). Berlin: Springer.

Mertens, W. (1992). *Psychoanalyse* (6. Aufl.). Stuttgart: Kohlhammer.

Mertens, W. (1994). *Psychoanalyse auf dem Prüfstand? Eine Erwiderung auf die Metaanalyse von Klaus Grawe.* München: Quintessenz.

Michaelis, W. (1981). Die Psychotherapie-Schwemme - zufällig oder zwangsläufig. In W.R. Minsel & R.R. Scheller (Hrsg.), *Brennpunkte der Klinischen Psychologie. Bd. 1: Psychotherapie* (S. 74 - 125). München: Kösel.

Perrez, M. (1979). *Ist die Psychoanalyse eine Wissenschaft?* (2. Aufl.). Bern: Huber.

Prochaska, J.O. & DiClimente, C. (1984). *The transtheoretical approach.* Homewood, IL: DowJones-Irwin.

Rudolf, G. (1993). *Psychotherapeutische Medizin. Ein einführendes Lehrbuch auf psychodynamischer Grundlage.* Stuttgart: Enke.

Schulte, D. (1996). *Therapieplanung.* Göttingen: Hogrefe.

Smith, M.L. & Glass, G.V. (1977). Meta-analysis of psychotherapy outcome studies. *American Psychologist, 32,* 752 - 760.

Swildens, H. (1991). *Prozeßorientierte Gesprächspsychotherapie. Einführung in eine differenzielle Anwendung des klientenzentrierten Ansatzes bei der Behandlung psychischer Erkrankungen.* Köln: GwG-Verlag.

Uexküll, Th. v. (1986). *Psychosomatische Medizin* (3. Aufl.). München: Urban & Schwarzenberg.

Zielke, M. & Sturm, J. (Hrsg.). (1994). *Handbuch Stationäre Verhaltenstherapie.* Weinheim: Psychologie Verlags Union.

Gesundheitspsychologie: Diagnose einer Disziplin

Reinhold S. Jäger, Gabriele E. Dlugosch & Winfried Krieger

Ausgangspunkt

Seit einigen Jahren ist das Spektrum traditioneller Gebiete der Psychologie um das der Gesundheitspsychologie erweitert worden. Die American Psychological Association APA hat eine eigene Division „Health Psychology" und die Deutsche Gesellschaft für Psychologie eine eigene Fachgruppe. Das Gebiet zählt im Kanon der Prüfungsfächer des Geltungsbereichs der Rahmenprüfungsordnung, wie sie von der Studienreformkommission etabliert wurde, nicht zu den Anwendungsfächern. Allerdings findet sich in den psychologischen Instituten, die eine Ausbildung in Gesundheitspsychologie realisieren wollen, die Möglichkeit, dieses Gebiet innerhalb des Faches „forschungsorientierte Vertiefung" einzubringen.

Schmidt & Schwenkmezger (1992) begründen dieses Dilemma unter anderem durch die Tatsache, daß zwischen Gesundheitspsychologie im engeren und weiteren Sinne unterschieden werden sollte. Erste sei auf die Gesundheitsförderung und die primäre Prävention ausgerichtet, letztgenannter ordnen sie Aufgabenstellungen zu, die traditionell der Medizinischen und/oder der Klinischen Psychologie verbunden sind. Mit dieser Zuordnung kann zugleich die Frage verbunden werden, ob nunmehr „alter Wein in neuen Schläuchen" verabreicht wird (vgl. Schwenkmezger & Schmidt, 1994b).

Die Dimensionierung des Faches: Eine Standortbestimmung

Um sich als eigenständige Disziplin mit qualitativ neuen Fragestellungen zu etablieren, muß eine klare Definition der Gesundheitspsychologie und eine eindeutige Bestimmung ihrer Inhalte und Zielsetzungen erfolgen. Eine solche Eindeutigkeit wird in den bestehenden Lehrbüchern der Gesundheitspsychologie (Schwarzer, 1990; Schwenkmezger & Schmidt, 1994) nicht angestrebt. Gerade wegen dieses Defizits definieren wir die Disziplin in Anlehnung an Dlugosch (1994a) wie folgt:

„Gesundheitspsychologie ist ein wissenschaftlicher Beitrag der Psychologie zur:

1. Erhaltung und Förderung von Gesundheit,
2. Krankheitsvorbeugung,
3. Identifizierung von gesundheitsförderlichen und gesundheitsbeeinträchtigenden Faktoren,
4. Definition und Diagnose des Gesundheitszustandes und des Gesundheitsverhaltens,
5. Bestimmung der Ätiologie und Genese gesundheitsrelevanter Aspekte,
6. Analyse, Evaluation und Optimierung des Gesundheitssystems.

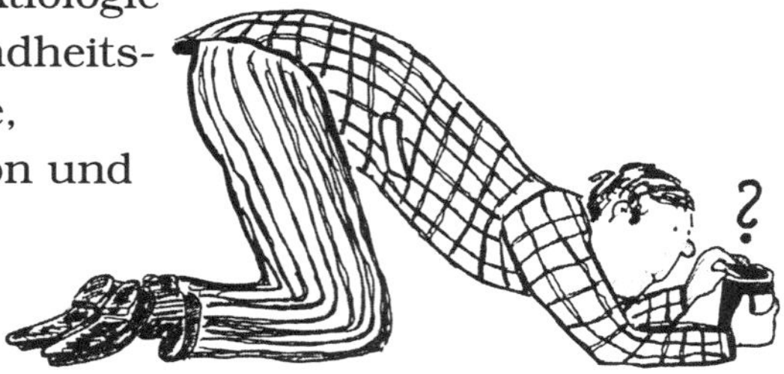

Sie ist gekennzeichnet durch eine interdisziplinäre und praxisorientierte Herangehensweise."

Eine solche Perspektive wird von anderen Autoren nicht uneingeschränkt geteilt (vgl. Schwarzer, 1990; Schwenkmezger & Schmidt, 1994a; Vogt, 1993; Weinman, 1990), sie erscheint uns jedoch notwendig, zum einen um eine klare Abgrenzung gegenüber anderen Disziplinen der Psychologie und Nachbardisziplinen zu erreichen, zum anderen aber auch um eine zukunftsorientierte Entwicklung des Gebietes zu forcieren. Aus dieser gegebenen

Abb. 1: Dimensionierung der Gesundheitspsychologie

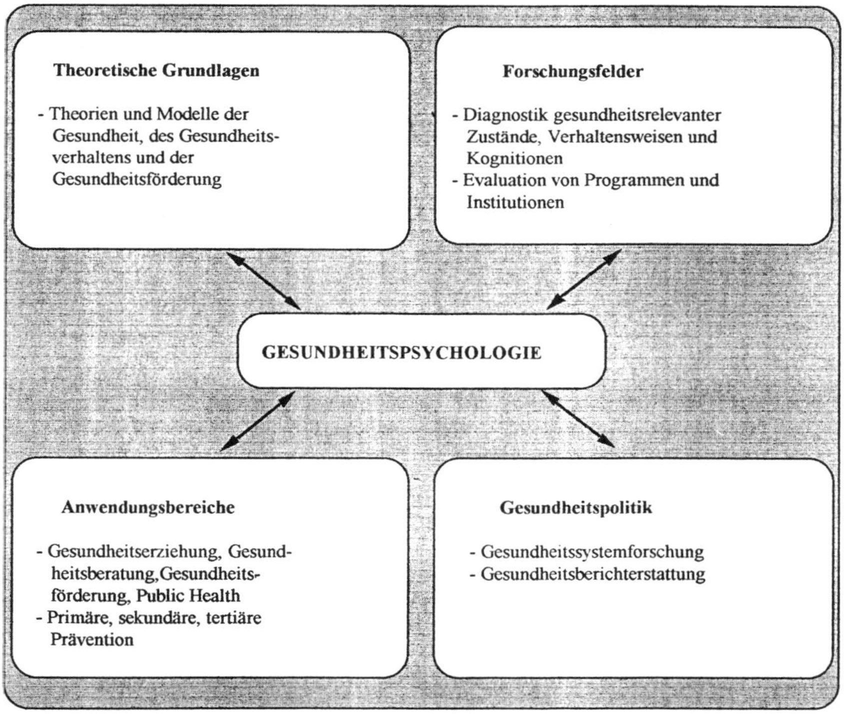

Definition lassen sich Dimensionen der Gesundheitspsychologie ableiten, wie sie sich in Abbildung 1 wiederfinden.

Legt man einige wenige der Abbildung 1 zu entnehmenden Inhalte der weiteren Erörterung zugrunde, so lassen sich aus unserer Sicht einige wichtige Folgerungen ziehen, die der (nationalen und internationalen) Weiterentwicklung des Faches zweckdienlich sind. Einige seien herausgegriffen und exemplarisch diskutiert.

Positionen für eine Weiterentwicklung

Von allen obengenannten Positionen nimmt zumindest für den Geltungsbereich der Bundesrepublik Deutschland der mit „Gesundheitspolitik" überschriebene Part in Abbildung 1 eine sehr deutliche Position ein. Gerade die jüngeren Diskussionen über die Finanzierbarkeit des Gesundheitssystems und die daraus abgeleiteten Schlußfolgerungen, es könne nicht weiter Aufgabe der gesetzlichen Krankenkassen sein, Gesundheitsförderung und in deren Konsequenz Wohlbefinden der Patienten zu finanzieren, haben bereits zu erheblichen Auswirkungen geführt.

Zwar hat der gesundheitspolitische Sprecher der CDU/CSU-Fraktion des Deutschen Bundestags in öffentlichen Diskussionen diese Position des Bundesgesundheitsministers etwas zurückgenommen, doch sind die Konsequenzen bereits erkennbar: Gesundheitsförderung wird bei einer Vielzahl von gesetzlichen wie privaten Krankenkassen zurückgefahren, Öcotrophologen und Psychologen bangen um ihre weitere Tätigkeit. Erste Schätzungen belaufen sich auf eine Betroffenenzahl von ca. 50.000 Personen, die von einem Zurückdrängen der Gesundheitsförderung tangiert sind.

Diese Tatsache ist nicht nur bedauerlich, sie trifft in der Konsequenz den Kern von zumindest drei Ansätzen:

- Die eine ist ein *theoretischer*: In neueren Modellen der Gesundheit (vgl. Überblick bei Dlugosch, 1994b) wird neben der Gesundheit auch das *Wohlbefinden* betont. Das ist sicherlich richtig so. Und in der Umsetzung von gesundheitsfördernden Maßnahmen muß dieser Gesichtspunkt besondere Berücksichtigung finden. Aber: Es wurde vom Fach Gesundheitspsychologie in Forschung und Praxis gegenüber den Vertretern der Gesundheitspolitik nicht deutlich genug betont, daß das Wohlbefinden insbesondere auch eine Konsequenz bewußter Ernährung, Bewegung, des Lebensstils etc. ist und in einem engen Zusammenhang mit der körperlichen und psychischen Gesundheit gesehen werden muß. Im Grunde genommen existiert dabei die Annahme einer ganzheitlichen individuellen Sicht. Diese Position unterscheidet sich in ihrer Konsequenz auch nicht davon, ob vorher eine Krankheit zu behandeln war und sich in der Folge der Genesung Wohlbefinden einstellt.

- Man gewinnt gar den Eindruck, daß sich Politiker häufig der Sichtweise anschließen, es handle sich beim Ansatz der gesundheitlichen Prävention um ein „Nullsummenspiel“, so daß die Politik sich eigentlich nicht um eine Gesundheitsförderung kümmern müßte. Die meisten Fachvertreter einerseits und viele Praktiker der Gesundheitspsychologie andererseits haben es über lange Jahre versäumt, gegenüber allen Beteiligten deutlich zu machen und empirisch nachzuweisen, daß qualitativ hochwertige Maßnahmen der Gesundheitsförderung nicht nur dem kurzfristigen Wohlbefinden dienen, sondern in Wirklichkeit mittel- und langfristige Verhaltensänderungen bei den angesprochenen Zielgruppen bewirken.

Es ist somit unabdingbar geworden, alle gesundheitsfördernden Maßnahmen zu *evaluieren*. Es versteht sich dabei von selbst, daß eine Evaluation nicht allein Fragen der Akzeptanz angehen darf, sondern einen handfesten Nachweis der Wirksamkeit darüber erbringen muß, was sich bei welchen Betroffenen über einen definierten Zeitraum verändert hat. Anders ausgedrückt: In der jetzigen gesundheitspolitischen Situation wird deutlich, daß es Fachvertreter und Praktiker versäumt haben, solche Effekte zu dokumentieren und sowohl den Zielgruppen wie den Entscheidungsträgern zu vermitteln. Auch hierin ist erkennbar, daß innerhalb der Gesundheitspsychologie immer noch eine große Diskrepanz besteht zwischen den theoretischen Grundlagen und deren Umsetzung sowie der wissenschaftlichen Überprüfung der Maßnahmen in der Praxis.

- Es wird somit hervorgehoben, daß die Gesundheitspsychologie in weiten Bereichen ihres selbst gesteckten Feldes weder die *methodischen* noch die *strategischen Möglichkeiten* genutzt hat, um den lange Jahre bestehenden Freiraum mit ihren Ideen zu füllen und gleichzeitig ihre Expertise zu unterstreichen.

Angesichts dieser Situation steht die Frage an, welche strategischen und methodischen Möglichkeiten existieren. Dies soll nachfolgend exemplarisch geleistet werden.

Ein konkreter Ansatz: ganzheitliche Gesundheitsförderung

Eine ganzheitliche Gesundheitsförderung kann nur dann umgesetzt werden, wenn sie eine enge Verzahnung von theoretischen Grundlagen, Intervention, Diagnostik und Evaluation realisieren kann. Der Begriff „ganzheitlich" ist damit doppelt verortet: in der Dimensionierung der Ansätze zur Verhaltensänderung einerseits und den methodischen sowie strategischen Zugängen andererseits.

Wie in vielen anderen Bereichen der Psychologie auch besteht eine große Kluft zwischen den theoretischen Grundlagen der Gesundheitswissenschaften und der Praxis der Gesundheitsförderung. So weisen viele Kurse und Seminare der Gesundheitsförderung eher eine pragmatische Orientierung als eine theoretische Fundierung auf. Traditionelle Maßnahmen beschränken sich in der Regel darauf, einzelne Bereiche (z.B. Ernährung, Bewegung, Entspannung *oder* Streßbewältigung) *unabhängig voneinander* anzugehen, wobei die Vermittlung durch Experten aus dem jeweiligen Fachgebiet (Ernährung, Bewegung *oder* Psychologie) erfolgt. Weiterhin sind die verschiedenen Angebote der jeweiligen Institution in der Regel nicht aufeinander abgestimmt.

Ein weiteres generelles Problem betrifft die Tatsache, daß die Planung und das Angebot von Gesundheitsförderungsmaßnahmen im allgemeinen nicht auf einer fundierten *Analyse* der tatsächlichen Bedürfnisse und Notwendigkeiten basiert. Vielmehr existiert meist ein beschränktes Spektrum an „traditionellen" Interventionsmethoden, wobei oft auch auf „Modetrends" reagiert wird (z.B. Autogenes Training oder Rückenschule). Ob die hohe Inanpruchnahme des jeweiligen Angebots allerdings wirklich einen indizierten Bedarf widerspiegelt und bei den Teilnehmern langfristige Erfolge erzielt werden können, bleibt in der Regel im Ungewissen.

Die Auswahl der Intervention beruht zudem bisher am häufigsten auf einer Selbstselektion der Teilnehmer, woraus Unzufriedenheit mit der Maßnahme, hohe Drop-out-Raten, nur kurzfristig anhaltende Erfolge sowie wiederholte Teilnahmen an den verschiedensten Kursen („Präventionskarrieren") resultieren können. Hier bedarf es vor allem einer differenzierten Diagnostik mit dem Ziel einer bedarfsgerechten Indikationsstellung, d.h. der verbesserten Passung zwischen dem Bedarf und den Erfordernissen auf seiten der Person einerseits und der Maßnahme andererseits.

Darüber hinaus kann im Bereich der Gesundheitsförderung derzeit ein grundsätzlicher Mangel an diagnostischen und evaluativen Strategien sowie an Kriterien zur Prozeßkontrolle und Wirksamkeitsabschätzung mit gleichzeitig reliablen und validen Meßinstrumenten festgestellt werden.

Erste Vorschläge und Realisierungen für theoretische Systematisierungen, diagnostische Strategien und praktische Umsetzungen lassen sich aus der aktuellen Literatur erkennen (siehe z.B. Dlugosch & Wottawa, 1994; Jäger & Petermann, 1992; Wottawa & Thierau, 1990). Um eine adäquate Wirksamkeitsbewertung von Gesundheitsförderungsmaßnahmen zu ermöglichen, ist es allerdings notwendig, traditionelle Wege zu verlassen und die Entwicklung alternativer und innovativer Strategien, Kriterien und Verfahren zu unterstützen.

Eine theoretisch fundierte Strategie, die in diesem Zusammenhang genutzt werden kann, stellt die *treatmentorientierte Diagnostik* dar. Diese strebt eine enge Verzahnung von Diagnostik und Intervention an, so daß die diagnostischen Ergebnisse direkt für die nachfolgende Maßnahme zur Verfügung stehen und für die Planung, Steuerung und Kontrolle der Intervention genutzt werden können. Gleichzeitig werden durch die eingesetzten diagnostischen Verfahren quantitative Informationen bereitgestellt, die eine kontinuierliche Prozeß- und Ergebnisevaluation ermöglichen (zur näheren Darstellung vgl. Jäger & Krieger, 1994; Jäger, Krieger & Dlugosch, 1995).

Für die Gesundheitsförderung stehen bereits Verfahren zur Erfassung relevanter Personen- und Umweltparameter zur Verfügung (vgl. Krieger, 1994). Als Beispiel für bereits eingesetzte und geprüfte Verfahren seien hier der *Fragebogen zur Erfassung des Gesundheitsverhaltens* (*FEG*; Dlugosch & Krieger, 1995) und die *computergestützte Exploration psychosozialer Anforderungen und Ressourcen* (*CEPAR*; Krieger, 1995) genannt.

Zusammenfassend kann festgehalten werden, daß ein dringender Bedarf besteht, neue Wege in der Entwicklung, Durchführung und wissenschaftlichen Überprüfung von Gesundheitsförderungsmaßnahmen zu beschreiten. Neben den ambulanten Maßnahmen sind als Ergänzung vor allem auch Kompaktangebote mit stationärer Einbindung zu konzipieren.

Exemplarisch für erste Umsetzungen der hier aufgestellten Forderungen werden im folgenden zwei Modellprojekte im ambulanten und stationären Kontext vorgestellt.

Ambulante Gesundheitsförderung: „Wege zum Wohlbefinden"

Das Modellprojekt „Wege zum Wohlbefinden – Mit gesunder Ernährung und Bewegung der Lebensfreude auf der Spur" wird in Kooperation zwischen der Techniker Krankenkasse und dem Zentrum für empirische pädagogische Forschung der Universität Koblenz-Landau durchgeführt (vgl. Dlugosch, Krieger & Fröhlich, 1995, 1996). Konzipiert wurde ein Gesundheitsförderungs-Seminar, dem im Gegensatz zu bereichsspezifischen Angeboten eine ganzheitliche und interdisziplinäre Orientierung zugrunde liegt. Angestrebt wird die Ausbildung eines umfassenden gesundheitsförderlichen Lebensstils und nicht nur das Trainieren spezifischer Gesundheitsverhaltensweisen bzw. der Abbau von Risikoverhalten in bestimmten Teilgebieten.

Das Seminar wurde für eine Gruppe von 12-14 Teilnehmern entwickelt. Durchgeführt wird es von einem interdisziplinären Team, bestehend aus jeweils einer Fachkraft aus den Disziplinen Psychologie, Oecotrophologie und Sportwissenschaft. Insgesamt finden zwölf Gruppensitzungen mit je einer Sitzung pro Woche statt. Im Rahmen dieser Sitzungen werden die Themen

Ernährung, Bewegung und Wohlbefinden behandelt. Neben der Vermittlung themenspezifischer Informationen wird vor allem auf die psychologischen Aspekte des Risikoverhaltens in den verschiedenen Bereichen sowie auf die Konkretisierung und Möglichkeiten der Umsetzung von Änderungswünschen eingegangen. In selbst gewählten Untergruppen in den Bereichen Ernährung und Bewegung können die angestrebten Veränderungen mit der Unterstützung und Anleitung der jeweiligen Fachkräfte in der Praxis erprobt werden.

Eine wesentliche Ergänzung zu bisherigen Angeboten stellen seminarbegleitende Einzelgespräche dar, die zusätzlich zu den Gruppensitzungen in Anspruch genommen werden können. Dies gilt sowohl für die Bereiche Ernährung und Bewegung als auch für die psychologischen Fragen und Themen. Ein weiterer Aspekt des Konzepts liegt in der Weitervermittlung zu vertiefenden Interventionsangeboten nach Beendigung des Seminars.

Zur Abschätzung des Seminarerfolges werden bereits überprüfte Verfahren (Fragebogen zur Erfassung des Gesundheitsverhaltens – FEG, Dlugosch & Krieger, 1995; eine Adaptation des Mehrdimensionalen Befindlichkeitsfragebogens – MDBF, Steyer, Schwenkmezger, Notz & Eid, 1995 sowie die Freiburger Beschwerdenliste – FBL, Fahrenberg, 1975) zu mehreren Meßzeitpunkten eingesetzt. Weiterhin werden die differentiellen Effekte einzelner Sitzungen anhand von interventionsbegleitenden Verfahren sowie die abschließende Bewertung durch die Teilnehmer mikrodiagnostisch erfaßt.

Insgesamt kann festgehalten werden, daß sich das vorgestellte Seminarkonzept zwar durch einen höheren

Organisationsaufwand als „traditionelle" Angebote auszeichnet, dieses jedoch erfolgreich ist, wenn man die bislang erzielten Ergebnisse betrachtet. Dies drückt sich deutlich in den makrodiagnostischen Ergebnissen, aber auch in den seminarbegleitenden und abschließenden Bewertungen durch die Teilnehmer selbst aus. Der Mehrzahl der Teilnehmer gelang es, das Seminar auch längerfristig zur Veränderung eigener Verhaltensweisen und Bewertungen zu nutzen. Die Katamnese erbrachte weiterhin eine Verringerung körperlicher Beschwerden und eine Verbesserung der psychischen Befindlichkeit. Für die ausführliche Darstellung der Evaluationsergebnisse sei auf Dlugosch, Krieger & Fröhlich (1995, 1996, im Druck) verwiesen.

Stationäre Gesundheitsförderung: „Gesundheitswoche"

Die „Gesundheitswoche" stellt eine Kompaktmaßnahme dar, die in Zusammenarbeit zwischen der Techniker Krankenkasse, dem Zentrum für empirische pädagogische Forschung der Universität Koblenz-Landau und der Elztal Klinik GmbH (Freiburg) entwickelt, durchgeführt und wissenschaftlich überprüft wird (vgl. Krieger & Dlugosch, 1996).

Dieses Angebot einer siebentägigen Gesundheitsförderungsmaßnahme mit stationärer Einbindung basiert auf dem vorgestellten Seminar „Wege zum Wohlbefinden" und zeichnet sich somit ebenfalls durch eine interdisziplinäre und ganzheitliche Orientierung aus, die vor allem auch psychosoziale Aspekte berücksichtigt. Angestrebt wird – unter besonderer Berücksichtigung der

Themen Gesundheit (Medizin), Ernährung und Bewegung – die Entwicklung eines gesundheitsförderlichen Lebensstils, wobei ein Schwerpunkt auf psychologischen Themengebieten (z.B. Streß/-bewältigung, Entspannung, Kommunikation) liegt. Neben Seminareinheiten zu verschiedenen Themen werden den Teilnehmenden praktische Übungen und Aktionen sowie Check-ups und Einzelberatungen angeboten.

Zusammenfassend zeichnen die bisher erzielten qualitativen und quantitativen Ergebnisse bei diesem stationären Zugang auch hier ein sehr positives Bild. Das ganzheitliche und interdisziplinär angelegte Konzept stößt auf großes Interesse und erfreut sich einer hohen Akzeptanz. Die Mehrzahl der Teilnehmer gab an, zu einem Umdenken angeregt und so zu einem gesundheitsbewußten Lebensstil motiviert worden zu sein. Hierfür spricht auch der Wunsch, die Themen zu Hause und nach Möglichkeit auch durch sich anschließende (teil-) stationäre Angebote zu vertiefen.

Mit dieser Maßnahme kann dem bestehenden Bedarf des angesprochenen Personenkreises entsprochen werden, sich aktiv und positiv mit der eigenen Gesundheit und dem Gesundheitsverhalten auseinanderzusetzen, um so präventiv bestehenden Risikofaktoren entgegentreten und langfristig Gesundheit und Wohlbefinden aufrechterhalten bzw. Krankheiten vorbeugen zu können.

Die Stärken der neu konzipierten Gesundheitsförderungsmaßnahme betreffen insbesondere die Möglichkeit, sich eine Woche lang in intensiver Gruppen- und Einzelarbeit verschiedenen gesundheits- und wohlbefindensrelevanten Themen widmen zu können. Die stationäre Einbindung bietet zudem optimale Rahmenbedingungen zur direkten praktischen Umsetzung der vermittelten Inhalte.

Den Ergebnissen des Modellprojekts „Wege zum Wohlbefinden" entsprechend, stellten sich auch hier die psychologische Schwerpunktsetzung, die kursbegleitenden Einzelgespräche sowie die Vermittlung von Anschlußangeboten als zentrale Aspekte von großer Relevanz für die Teilnehmenden heraus.

Fazit

Die Gesundheitspsychologie ist insbesondere im deutschsprachigen Raum eine sehr junge Disziplin. Sie hat – wie eingangs angedeutet – ohnehin mit Abgrenzungen gegenüber anderen Disziplinen zu kämpfen. Hinzu kommt neuerdings, daß der Boden, auf dem sie sich befindet, politisch entzogen wird. Dadurch existieren noch mehr Legitimationsprobleme. Ohne diese Legitimation wird sich der Anteil derjenigen Personen, die in der Gesundheitspsychologie tätig sind, sowohl in der Forschung wie auch in der Praxis reduzieren. Eine diese existentielle Problematik lösende Strategie ist nicht in Sicht, vielmehr muß erkannt werden, daß die bisherigen Chancen zu wenig genutzt wurden. Eine Lösung besteht allenfalls dort, wo gezielte Interventionen entwickelt werden (vgl. obige Beispiele), die mit dementsprechenden eigenen diagnostischen Ansätzen verbunden werden. Zugleich muß durch gezielte Evaluationsstudien, die einer harten kritischen Würdigung standhalten, der Nachweis erbracht werden, daß die eingeleiteten Maßnahmen bei den Betroffenen zu mittel- und langfristigen Verhaltensänderungen führen.

Literatur

Dlugosch, G.E. (1994a). *Veränderungen des Gesundheitsverhaltens während einer Kur. Eine Längsschnittstudie zur Reliabilitäts- und Validitätsprüfung des Fragebogens zur Erfassung des Gesundheitsverhaltens (FEG)* (Psychologie, Band 1). Landau: Empirische Pädagogik.

Dlugosch, G. (1994b). Modelle in der Gesundheitspsychologie. In P. Schwenkmezger & L.R. Schmidt (Hrsg.), *Lehrbuch der Gesundheitspsychologie* (S. 101-117). Stuttgart: Enke.

Dlugosch, G.E. & Krieger, W. (1995). *Der Fragebogen zur Erfassung des Gesundheitsverhaltens (FEG).* Frankfurt: Swets Test Gesellschaft.

Dlugosch, G.E., Krieger, W.& Fröhlich, M. (1995). *„Wege zum Wohlbefinden – Mit gesunder Ernährung und Bewegung der Lebensfreude auf der Spur." Ergebnisse aus der ersten Phase eines Modellprojektes im Bereich der Gesundheitsförderung.* Hamburg: Techniker Krankenkasse.

Dlugosch, G.E., Krieger, W.& Fröhlich, M. (1996). *„Wege zum Wohlbefinden – Mit gesunder Ernährung und Bewegung der Lebensfreude auf der Spur." Ergebnisse aus der zweiten Phase eines Modellprojektes im Bereich der Gesundheitsförderung.* Hamburg: Techniker Krankenkasse.

Dlugosch, G.E. & Schmidt, L.R. (1992). Gesundheitspsychologie. In R. Bastine (Hrsg.), *Lehrbuch der Klinischen Psychologie* (Band 2) (S. 123-177). Stuttgart: Kohlhammer.

Dlugosch, G.E. & Wottawa, H. (1994). Evaluation in der Gesundheitspsychologie. In P. Schwenkmezger & L.R. Schmidt (Hrsg.), *Lehrbuch der Gesundheitspsychologie* (S. 149-168). Stuttgart: Enke.

Fahrenberg, J. (1975). Die Freiburger Beschwerdenliste FBL. *Zeitschrift für Klinische Psychologie, 4,* 79-100.

Jäger, R.S. & Petermann, F. (1992). *Psychologische Diagnostik. Ein Lehrbuch.* Weinheim: Psychologie Verlags Union.

Krieger, W. (1994). Treatmentorientierte Diagnostik in der Gesundheitsförderung. In B.P. Hazard (Hrsg.), *Gesundheitsförderung zur aktiven Vorsorge und Rehabilitation* (S. 219-229). Baden-Baden: Nomos Verlagsgesellschaft.

Krieger, W. (1995). *CEPAR: Ein computergestütztes Verfahren zur Exploration psychosozialer Anforderungen und Ressourcen.* (Psychologie, Band 3). Landau: Empirische Pädagogik.

Krieger, W. & Dlugosch, G.E. (1996). Bericht zum Projekt "TK-Gesundheitswoche" auf der Basis der Kurse 1995. Unveröffentlicher Bericht. Universität Koblenz-Landau: Zentrum für empirische pädagogische Forschung.

Schmidt, L. & Schwenkmezger, P. (1992). Gesundheitspsychologie (Themenheft). *Zeitschrift für Klinische Psychologie, 21.*

Schwarzer, R. (1990). *Gesundheitspsychologie. Ein Lehrbuch.* Göttingen: Hogrefe.

Schwenkmezger, P. & Schmidt, L. (1994b). Gesundheitspsychologie: Alter Wein in neuen Schläuchen? In Schwenkmezger, P. & Schmidt, L. (Hrsg.) *Lehrbuch der Gesundheitspsychologie* (1-8). Stuttgart: Enke.

Schwenkmezger, P. & Schmidt, L. (Hrsg.) (1994a). *Lehrbuch der Gesundheitspsychologie.* Stuttgart: Enke.

Steyer, R., Schwenkmezger, P., Notz, P. & Eid, M. (1995). Testtheoretische Analysen des Mehrdimensionalen Befindlichkeitsfragebogens (MDBF). *Diagnostica,* 40, 320-328.

Vogt, I. (1993). Psychologische Grundlagen der Gesundheitswissenschaften. In K. Hurrelmann & U. Lasser (Hrsg.), *Gesundheitswissenschaften. Handbuch für Lehre, Forschung und Praxis* (46-62). Weinheim: Beltz.

Weinmann, J. (1990). Health psychology in the 1990's. P.J. Drenth, J.A. Sergant & R.J. Takens (Eds.) *European perspectives in psychology* (169-191). Chichester: Wiley.

Wottawa, H., & Thierau, H. (1990). *Lehrbuch Evaluation.* Bern: Huber.

Die Autoren

Walter Bungard

Walter Bungard ist seit 1984 Professor für Arbeits- und Organisationspsychologie an der Universität Mannheim. Er studierte Volkswirtschaftslehre, Soziologie und Psychologie an der Universität Köln. Für das Fach Psychologie habilitierte er sich 1980 an der Kölner Wirtschafts- und Sozialwissenschaftlichen Fakultät mit einem methodologischen Thema. Er setzte sich dabei kritisch mit der psychologischen Laborforschung auseinander („Die gute Versuchsperson denkt nicht", so ein Titel eines von ihm herausgegebenen Readers) und publizierte u.a. zusammen mit seinem Kollegen Helmut E. Lück verschiedene Arbeiten über nicht reaktive Meßverfahren.
Der Schwerpunkt seiner Forschungsarbeiten liegt in der praxisnahen angewandten Arbeits- und Organisationspsychologie. Er gilt z.B. auch über den Bereich der Psychologie hinaus als Experte für die Themen *Qualitätszirkel* und *Gruppenarbeit* in der Industrie. Er beschäftigt sich weiterhin intensiv mit aktuellen Fragestellungen in der Wirtschaft, wie z.B. mit dem Lean Management-Ansatz, der TQM-Philosophie und dem Business-Reengineering-Konzept.
Bei seiner Tätigkeit in Forschung und Lehre ist Bungard davon überzeugt, daß man die Arbeitswelt aus eigener Erfahrung möglichst gut kennen sollte, um Arbeits- und Organisationspsychologie sinnvoll „betreiben" zu können. Wichtig ist ihm dabei auch die interdisziplinäre Zusam-

menarbeit mit Technikern und Wirtschaftswissenschaftlern. Typisch hierfür ist ein aktuelles Projekt im Rahmen eines Sonderforschungsbereiches der DFG in Kooperation mit dem Fraunhofer Institut in Stuttgart.
Seit 1994 ist Walter Bungard Mitglied des Wissenschaftlichen Beirats der Psychologie Verlags Union. Er ist außerdem Herausgeber der Buchreihe „Arbeits- und Organisationspsychologie in Forschung und Praxis".

Prof. Dr. Walter Bungard
Lehrstuhl Psychologie I
Wirtschafts- und Organisationspsychologie
Universität Mannheim
Schloß, Ehrenhof Ost
68131 Mannheim

Gabriele E. Dlugosch

Gabriele E. Dlugosch studierte in Marburg und Heidelberg Diplom-Psychologie. Während eines sich anschließenden zweijährigen USA-Aufenthalts sammelte sie prägende Erfahrungen in den gesundheitspsychologischen Anwendungsbereichen der Gesundheitserziehung, Gesundheitsberatung und Gesundheitsförderung. Diese Kenntnisse versuchte sie, im Rahmen ihrer Anstellung als Wissenschaftliche Mitarbeiterin an der Universität Trier (1987 - 1993), in Forschung, Lehre und Praxis zu integrieren. Zu den Ergebnissen gehörten unter anderem die Entwicklung eines Fragebogens zur Erfassung des Gesundheitsheitsverhaltens (FEG) sowie die Konzeption, Durchführung und Überprüfung eines ganzheitlichen

und interdisziplinären Gesundheitsförderungsprogramms ("Wege zum Wohlbefinden" (beides gemeinsam mit Dr. Winfried Krieger). Weitere Arbeitsschwerpunkte umfaßten Themen der Medizinischen und der Klinischen Psychologie.
Als Wissenschaftliche Mitarbeiterin am Zentrum für empirische pädagogische Forschung der Universität Koblenz-Landau befaßt sie sich weiterhin mit theoretischen Ansätzen und praktischen Anwendungen der Gesundheitspsychologie, der Entwicklung und Überprüfung diagnostischer Instrumente, der Evaluation und Qualitätssicherung medizinischer Institutionen und der Konzeption und Durchführung von Aus- und Weiterbildungsmaßnahmen im Gesundheitsförderungsbereich.

Dr. Gabriele E. Dlugosch
Zentrum für empirische pädagogische Forschung
Universität Koblenz-Landau
Friedrich-Ebert-Straße 12
76829 Landau

Peter Fiedler

Peter Fiedler ist Universitäts-Professor für Klinische Psychologie und Psychotherapie am Psychologischen Institut der Universität Heidelberg. Seine Forschungsschwerpunkte liegen seit vielen Jahren im Bereich der Diagnostik, Ätiologie und Behandlung psychischer Störungen. Die wichtigsten Forschungsarbeiten sind den Störungsbildern Stottern, Ängste und Phobien, Schizophrenie, Depression und Persönlichkeitsstörungen gewidmet.

Nach frühen Untersuchungen zur Veränderung und Förderung kreativen Verhaltens Mitte der siebziger Jahre an der Universität Münster wendet er sich klinisch-psychologischen Fragestellungen zu. Erste Forschungsarbeiten zielen auf die Entwicklung und Evaluation unterschiedlicher Gruppenkonzepte in der Verhaltenstherapie. Diese Konzepte werden zunächst in der Heimerziehung erprobt und kurze Zeit später in der Psychiatrie bei schizophrenen Patienten und deren Angehörigen evaluiert (zusammen mit G. Buchkremer).
Anfang der achtziger Jahre wechselt er an die Universität Heidelberg. Dort führt er mit Ch. Mundt ein umfangreiches Projekt zur Angehörigentherapie bei schizophrenen Patienten durch. Zeitgleich entwickelt er zusammen mit K.-E. Rogge ein Methodeninventar zur Untersuchung der Therapeut-Patient-Beziehung und von Veränderungsprozessen in der Psychotherapie. Dieses Instrumentarium wird schließlich in einem multizentrischen DFG-Projekt für eine Prozeßanalyse der verhaltenstherapeutischen Phobienbehandlung eingesetzt (zusammen mit D. Schulte, Bochum).
Seit Ende der achtziger Jahre folgt eine prospektive Verlaufsstudie zur Erforschung psychosozialer Rückfallursachen der Depression (wiederum zusammen mit Ch. Mundt). Dieses Forschungsprojekt dient der Analyse rückfallbedeutsamer Aspekte von psychopathologischen Verläufen, des „Expressed Emotion“, der Persönlichkeit und der kommunikativen Beziehungsmuster in Ehen depressiver Patienten.
Gegenwärtig ist Peter Fiedler Sprecher eines interdisziplinären Graduiertenkollegs der Universitäten Heidelberg und des Saarlandes, das mit Fördermitteln der DFG und der Länder Baden-Württemberg wie des Saarlandes un-

terstützt wird. In diesem Kolleg werden von Doktoranden der Psychologie und der Medizin gemeinsam Fragestellungen zur Klinischen Emotionsforschung untersucht. Neben der Klinischen Psychologie sind die Fächer Psychiatrie, Kinder- und Jugendpsychiatrie und Psychosomatik beteiligt.
Peter Fiedler hat mehrere Monographien und Herausgeberwerke publiziert, die sich mit den Grundlagen und Behandlungsansätzen bei Stottern, Schizophrenie, Depression und Persönlichkeitsstörungen beschäftigen. In diesem Jahr sind zwei neue Bücher erschienen: eines zum Thema „Interpersonal Factors in the Orign and Course of Affective Disorders" (herausgegeben zusammen mit Ch. Mundt, M.J. Goldstein und K. Hahlweg, erschienen bei Gaskell, London) und eine Monographie über „Verhaltenstherapie in und mit Gruppen" (erschienen bei der Psychologie Verlags Union, Weinheim).

Prof. Dr. Peter Fiedler
Psychologisches Institut
der Universität Heidelberg
Hauptstraße 47-51
69117 Heidelberg

Dieter Frey

Dieter Frey, geboren 1946, studierte von 1966 bis 1970 Soziologie und Psychologie an den Universitäten Mannheim und Hamburg. 1973 Promotion. 1978 Habilitation. Von 1978 bis 1993 war er Professor für Sozial- und Wirtschaftspsychologie an der Universität Kiel und 1988/89

Theodor-Heuß-Professor an der Graduate Faculty der New School for Social Research in New York. Seit 1993 ist er Professor für Theoretische, Experimentelle und Angewandte Sozialpsychologie an der Ludwig-Maximilians-Universität in München.
Dieter Frey ist Autor von zahlreichen Buch- und Zeitschriftenpublikationen. Seine Schwerpunkte neben der Sozialpsychologie (Experimentelle Überprüfung sozialpsychologischer Theorien, Gruppenforschung, Entscheidungsforschung, Einstellungsforschung) sind Gesundheitspsychologie (Genesung nach schweren Unfällen, Forschungen über Herzinfarkt), Umweltpsychologie (z.B. Psychologie des Energiesparens), Organisations- und Wirtschaftspsychologie (z.B. Führungsforschung, Forschung zu organisatorischen und personellen Bedingungen für ein Center of Excellence). Ein wichtiger Aspekt seines wissenschaftlichen Arbeitens besteht im Austausch von Theorie und Praxis. Dieter Frey war Organisator des ersten Kongresses der Deutschen Gesellschaft für Psychologie nach der Wiedervereinigung 1990 in Kiel.
Er ist Mitglied von wissenschaftlichen Beiräten von Verlagen, Stiftungen und Unternehmungen, ebenso Mitglied der Bayerischen Akademie der Wissenschaften.

Prof. Dr. Dieter Frey
Institut für Psychologie
der Universität München
Leopoldstraße 13
80802 München

Reinhold S. Jäger

Reinhold S. Jäger ist seit 1987 Professor für Psychologie an der Universität Koblenz-Landau, Abteilung Landau. Mit der Berufung wurde er zugleich Leiter des Zentrums für empirische pädagogische Forschung (ZepF) der Universität.

Da kleine Universitäten unter dem Problem eines generellen Geldmangels leiden, hat er 1995 zusammen mit anderen Gründungsmitgliedern ein – nunmehr auf der Basis eines gemeinnützigen Vereins arbeitendes – wirtschaftlich ausgerichtetes Institut – die Institution für Forschung und Management (inform) – gegründet. Das Ziel ist hierbei, den Wissenschaftstransfer zu institutionalsieren und zwischen Grundlagenforschung und angewandter Forschung zu vermitteln bzw. zusätzlich über den Ertrag aus angewandter Forschung Grundlagenforschung zu finanzieren. Beide Orientierungen – Grundlagenwissenschaft und Anwendung – sind dabei handlungsleitende Prinzipien sowohl für die Forschung als auch die Lehre.

Die Palette der Publikationen von Reinhold Jäger entspricht dabei in ihrer Breite dem Primat von Grundlagen und Anwendung gleichermaßen. Auch die dabei vertretenen Inhalte: Psychologische Diagnostik, Pädagogische Psychologie, Evaluation und Forschungsmethodik sowie Gesundheitspsychologie.

Nachweis dieser Orientierung ist eine Lehrbuchkonzeption für das Fach Psychologische Diagnostik. Sie ist in einem Lehrbuch umgesetzt, das 1995 in dritter Auflage (zusammen mit Franz Petermann) in der Psychologie Verlags Union erschien. Ein weiteres mit ähnlicher Orientierung soll folgen: Gesundheitspsychologie.

Die dargestellte Verbindung von Grundlagen und Praxis findet sich auch als roter Faden in der Lehre genauso wie in den Themen der betreuten Diplomarbeiten und Teilen der Dissertationen. Ein Beispiel für eine solche Dissertation ist die von Bannert (1996): „Gestaltung und Evaluation von EDV-Schulungsmaßnahmen. Eine empirische Studie zur Effektivität und Akzeptanz" (erschienen im Verlag Empirische Pädagogik, Landau).

Prof. Dr. Reinhold S. Jäger
Zentrum für empirische pädagogische Forschung
Universität Koblenz-Landau
Friedrich-Ebert-Straße 12
76829 Landau

Winfried Krieger

Winfried Krieger studierte in Trier Diplom-Psychologie. Während seiner Zeit als Wissenschaftlicher Mitarbeiter am Fachbereich Psychologie der Universität Trier (1988 - 1993) lag sein Arbeitsschwerpunkt zunächst in der Nutzung der sich zu dieser Zeit etablierenden EDV für verschiedene psychologische Anwendungsgebiete. Hieraus resultierte die Entwicklung und Erprobung computergestützter Diagnosesysteme für die klinische und gesundheitspsychologische Praxis. Das Verfahren zur computergestützten Exploration psychosozialer Anforderungen und Ressourcen (CEPAR) bildete einen ersten Abschluß in Form der Promotion.
Inhaltlich wurde diese Arbeit durch die Konzeption, Durchführung und Überprüfung neuer Gesundheitsför-

derungsprogramme ergänzt. Hier sind vor allem die für die Techniker Krankenkasse entwickelten und überprüften Maßnahmen „Wege zum Wohlbefinden" und „TK-Gesundheitswoche" zu nennen.
Nach seinem Wechsel zum Zentrum für empirische pädagogische Forschung der Universität Koblenz-Landau erweiterte sich das Arbeitsfeld um die Themen Qualitätsmanagement und Evaluation, die in der Praxis in Form von Projekten sowie Weiter- und Fortbildungen für verschiedene Kooperationspartner ihren Niederschlag finden. Als Beispiele aktueller Projekte lassen sich die Fortbildungs- und Beratungsmaßnahmen zur „Selbstevaluation im suchtpräventiven Bereich" und die Leitung eines EU-Projektes zur Evaluation gemeinde-orientierter Suchtprävention in Luxembourg nennen.
Seit Anfang 1996 haben sich die Aufgabenschwerpunkte durch die Übernahme der Leitung der Entwicklungsabteilung der Elztal Klinik GmbH hin zur Entwicklung und Umsetzung neuer Reha-, Gesundheitsförderungs- und Pflegekonzepte in verschiedenen Praxiseinrichtungen des Trägers erweitert.

Dr. Winfried Krieger
Zentrum für empirische pädagogische Forschung
Universität Koblenz-Landau
Friedrich-Ebert-Straße 12
76829 Landau

Klaus D. Kubinger

Klaus D. Kubinger, Jahrgang 1949, Statistiker, Klinischer und Gesundheitspsychologe, habilitierte sich 1985 in Psychologie und ist seitdem Ausbildungsleiter im Prüfungsfach „Psychologische Diagnostik" am Institut für Psychologie der Universität Wien. Zuvor und nebenbei lehrte er auch Statistik. Seit 1992 trägt er den Berufstitel „Universitätsprofessor".
Am Institut für Psychologie in Wien ist er seit seiner Promotion angestellt. Zwischendurch lehrte er jedoch auch als Gastprofessor in Klagenfurt, Graz, Berlin und Potsdam.
Innerhalb der Statistik entwickelte er insbesondere eine parameterfreie Diskriminanzanalyse sowie eine parameterfreie zweifache Varianzanalyse.
Innerhalb der Psychologie sind zwei Forschungsschwerpunkten zu nennen: einerseits die Testtheorie, zu der seit 1988 ein von ihm herausgegebenes Buch „Moderne Testtheorie" vorliegt. Andererseits die Psychologische Diagnostik.
Dazu gibt es seit 1995 ein von ihm verfaßtes Lehrbuch. Eine weiteres Hauptwerk zu diesem Bereich stellt sein gemeinsam mit Elisabeth Wurst 1985 erstellter Test „Adaptives Intelligenz Diagnostikum (AID)" dar; es handelt sich dabei um eine mittlerweile weitverbreitete Intelligenztestbatterie für Kinder bzw. den ersten überhaupt verlagsmäßig vertriebenen adaptiven Test, also einem diagnostischen Verfahren, das ein dem jeweiligen Leistungsstand der Testperson angepaßtes Testen ermöglicht.
Seit kurzem fungiert er auch als Herausgeber einer unregelmäßig erscheinenden Computertest-Reihe „Hi-Psi", die

sich das Ziel setzt, die durch das Medium Computer neugegebenen Möglichkeiten für originäre Testkonzepte zu nutzen. Er selbst ist dabei auch einige Male Autor bzw. Co-Autor, so zum Beispiel bei der jüngst erschienen Kurz-Testbatterie „Arbeitshaltungen" (mit Johannes Ebenhöh). Den meisten dieser Ansätze, soweit es sich um die Erfassung von Persönlichkeit handelt, liegt das Konzept „Objektiver Persönlichkeitstests" zugrunde, also der Versuch, das persönlichkeitstypische Verhalten bei Leistungsanforderung zu beobachten.
Die über zehn Jahre ausübende Tätigkeit als verantwortlicher Redakteur der Testrezensionen in der „Zeitschrift für Differentielle und Diagnostische Psychologie" resultierte in der jüngsten Herausgabe eines Themenhefts dieser Zeitschrift: „Testrezensionen: 25 einschlägige Verfahren".
In freier Praxis unter Supervision ist Klaus D. Kubinger seit einigen Jahren als Systemischer Familientherapeut tätig.

Prof. Dr. Klaus D. Kubinger
Psychologisches Institut
der Universität Wien
Liebiggasse 5
A-1010 Wien

Ernst-Dieter Lantermann

Ernst-Dieter Lantermann hat von 1966 bis 1971 in Bonn Psychologie und Kunstgeschichte studiert. Nach seinem Diplom im Fach Psychologie war er zunächst Assistent bei Hans Thomae, später – bis 1978 – bei Hubert Feger an der RWTH Aachen. 1974 promovierte er über „Solidarität und Wohnen". 1975 arbeitete er ein Jahr an der Universität Nijmegen in der Abteilung Mathematische Psychologie bei Eddy Roskam. 1978 habilitierte er mit dem Thema „Interaktionen – Person, Situation und Handlung". Im Zentrum dieser Arbeit stand eine Konzeption der Mensch-Umwelt-Wechselwirkung aus handlungspsychologischer Sicht. Er war einer der Mitinitiatoren des DFG-Schwerpunktprogramms „Psychologische Ökologie", innerhalb dessen er sich mit dem Einfluß von Emotionen, Wissen und Werthaltungen auf die Unbestimmtheitsregulation im Umgang mit komplexen Umwelten beschäftigte; der Bericht über dieses Projekt liegt als Buch vor mit dem Titel „Ravenhorst", so der Name des für diese Untersuchung (simulierten) Bauernhofes. In den nachfolgenden Jahren beschäftigte er sich in zunehmendem Maße mit den Wechselwirkungen zwischen Emotion und Kognition bei der Handlungsregulation, wozu er eine größere Anzahl von Artikeln verfaßt hat. Seit 1979 ist er Professor für Persönlichkeits- und Sozialpsychologie an der Universität GH Kassel. Es folgten zwei Gastaufenthalte in Mannheim und Bern als Vertretungs- bzw. Gastprofessor. 1990 wurde er für ein Semester auf den Wilhelm-Wundt-Lehrstuhl in Leipzig berufen. Gemeinsam mit L. Kruse und C.F. Graumann gab er das erste deutschsprachige Handbuch der Ökologischen Psychologie heraus. 1992 verfaßte er ein kunstpsychologisches Buch („Bildwechsel und Einbildung – eine Psychologie der Kunst"), in dem er seine Konzeption der kognitiv-emotionalen Wechselwirkung bei der Handlungsregulation auf die Welt der Bilder anwendete. 1994-1995 leitete er die Abteilung „Globaler Wandel und Soziale Sy-

steme“ am Potsdam Institut für Klimafolgenforschung, seit 1995 ist er Direktor des interdisziplinären „Wissenschaftlichen Zentrums für Umweltsystemforschung“ an der Universität GH Kassel. Gegenwärtig ist er an zwei größeren Umweltforschungsprojekten beteiligt. Eines ist ein umweltpsychologisches Projekt, das er gemeinsam mit L. Kruse und D. Dörner durchführt (zu Umweltwissen, Wertewandel und Umweltbewußtsein im Biosphärenreservat Schorfheide-Chorin), innerhalb dessen er ein multimediales Lernsystem für Umweltkompetenz entwikkelt. Das zweite Projekt „Soziokulturelle Analysen von Migrationsströmen im Nordosten Brasiliens“ ist Teil eines interdisziplinären Forschungsunternehmens, an dem Natur- und Sozialwissenschaftler beteiligt sind. Hier entwickelt er dynamische Modelle der Adaptation unterschiedlicher Akteurgruppen an sich wandelnden Umwelten.
Seit einiger Zeit beschäftigt er sich mit der Entwicklung von akteurzentrierten Modellen des Umgangs von Individuen und sozialen Gruppen mit knappen Umweltressourcen, die Eingang finden sollen in einem geplanten Buch über die „Schnittstelle Mensch“.

Prof. Dr. Ernst-Dieter Lantermann
Universität + GH Kassel
FB 3-Psychologie
Holländische Straße 56
34127 Kassel

Volker Linneweber

Volker Linneweber hat von 1972–1978 in Münster Psychologie, Erziehungswissenschaft und Soziologie studiert. Nach Diplomen in Pädagogik (1976) und Psychologie (1978) hat er 1982 über „Aggressive Interaktionen" promoviert. Von 1979–1984 war er wissenschaftlicher Mitarbeiter im DFG-finanzierten Forschungsprojekt „Aggression in der Schule" (Leitung Prof. Amelie Mummendey). Auf die Verankerung des Projektes im DFG-Schwerpunktprogramm „Psychologische Ökologie" ist ein ausgeprägtes Interesse an ökologisch-psychologischen bzw. umweltpsychologischen Themen zurückzuführen. Die Entwicklung eines explizit sozialpsychologischen Aggressionskonzeptes im Rahmen dieses Projektes führte ferner dazu, daß soziale Interaktionen zum weiteren zentralen Forschungsgegenstand wurden.

Ein Studienaufenthalt im „Program in Social Ecology" an der University of California at Irvine, USA (1985/1986) konnte die primär psychologische Perspektive erweitern. Aus dem einerseits sozialpsychologisch, andererseits umweltpsychologisch definierten Interessengebiet entwickelte sich nach Rückkehr aus den USA das Thema der Habilitationsschrift: „Interpersonale Konflikte im Alltag. Auseinandersetzungen zwischen Nachbarn – Störungen und Beeinträchtigungen im privaten Wohnbereich" (1991).

1991 und 1992 folgten Lehrstuhlvertretungen in Jena, Heidelberg, Marburg und Saarbrücken. Seit 1993 ist Volker Linneweber am Potsdam-Institut für Klimafolgenforschung tätig, einem „Institut der Blauen Liste", wo er in enger Kooperation mit anderen Sozialwissenschaftlern

und Naturwissenschaftlern an Projekten im Rahmen der „Global-Change"-Thematik arbeitet. 1996 erhielt er einen Ruf auf eine außerordentliche Professur für Angewandte Psychologie an der Karl-Franzens-Universität Graz sowie einen Ruf auf eine C4-Professur für Sozialpsychologie an der Otto-von-Guericke-Universität Magdeburg.
Aktuelle Arbeiten betreffen: aggressive Interaktionen; Verletzungen von Normen und Konventionen in Person-Umwelt Relationen; Umweltplanung und -gestaltung; Modifikation umweltbezogenen Verhaltens; Störungen, Beeinträchtigungen und Konflikte zwischen Settingnutzern; Selbstkonzept, personale, situative und soziale Identität, Modellierung sozialer Systeme, sozialwissenschaftliche Dimensionen globalen Wandels und globaler Umweltveränderungen.
Volker Linneweber ist Mitglied der Sprechergruppe der Fachgruppe Umweltpsychologie in der Deutschen Gesellschaft für Psychologie (DGPs) sowie Mitherausgeber der Reihe „Umweltpsychologie in Forschung und Praxis" bei der Psychologie Verlags Union (Weinheim).

Prof. Dr. Volker Linneweber
Potsdam-Institut für Klimafolgenforschung e.V.
Telegrafenberg
Postfach 601203
14412 Potsdam

Rainer Schandry

Rainer Schandry ist Mitglied des Instituts für Psychologie der Universität München und betreut dort seit 1988 den Institutsbereich Biologische Psychologie. Er promovierte 1976 bei Niels Birbaumer über ein psychophysiologisches Thema und ist seitdem der Psychophysiologie verhaftet geblieben. Dies mag damit zusammenhängen, daß er von seiner ursprünglichen wissenschaftlichen Ausrichtung her Naturwissenschaftler (Diplom-Physiker) ist und er sich nach wie vor dem Reiz der Laborforschung nicht entziehen kann.
Hier, in der klassischen laborexperimentellen Psychophysiologie geht es ihm einerseits um die Wechselwirkung zwischen (Warn-)Signalen aus dem Körperinneren (speziell dem Herz-Kreislauf-System) und Gehirnprozessen, andererseits um den Zusammenhang zwischen emotionalem Erleben und vegetativen Reaktionen. Weitere Arbeitsschwerpunkte liegen im Bereich der Verhaltensmedizin/Gesundheitspsychologie. Diese beziehen sich etwa auf die Bedeutung subjektiver Symptome für das Patientenverhalten, die Entwicklung von Patientenschulungsprogrammen und die Lebensqualität bei chronischen Erkrankungen.
Seine Buchpublikationen überstreichen den Bereich seiner wissenschaflichen Interessen. Sie reichen von dem *Lehrbuch Psychophysiologie* bis hin zu einem methodenkritischen Werk zu Lebensqualität und Hypertonie. Gegenwärtig ist das Manuskript zu einem Lehrbuch der Biologischen Psychologie in Arbeit. Dessen Fortgang verzögert sich aufgrund verschiedener Kooperationen mit Psychologischen Instituten im Ausland (speziell in den USA und in Italien) allerdings immer wieder.

Prof. Dr. Rainer Schandry
Institut für Psychologie
Ludwig Maximilians Universität München
Leopoldstraße 13
80802 München

Wolfgang Schönpflug

Wolfgang Schönpflug ist seit 1974 Professor für Psychologie (Schwerpunkt: Allgemeine Psychologie) an der Freien Universität Berlin. Für das Fach Psychologie habilitierte er sich im Jahre 1967 an der Ruhr-Universität Bochum, nachdem er an der Johann-Wolfgang-Goethe Universität in Frankfurt a. M. 1962 den Grad eines Doktors der Naturphilosophie und 1960 das Diplom in Psychologie erworben hatte. Als Fulbright Student erhielt er 1958 von der University of Kansas in Lawrence, Kansas (USA), den Grad eines Master of Arts in Psychologie.
Viele Studierende, Fachkollegen und Wissenschaftler aus anderen Fachgebieten kennen das von Wolfgang Schönpflug zusammen mit Ute Schönpflug verfaßte Lehrbuch „Psychologie", das 1995 in dritter Auflage bei der Psychologie Verlags Union erschienen ist. Noch mehr Interessierte haben seine Lehrfilme zur Einführung in die Psychologie gesehen: die 1977 vom Westdeutschen Rundfunk Köln produzierte Reihe „System Mensch" und die 1996 vom gleichen Sender hergestellten Beiträge zum „Telekolleg Psychologie".
Schönpflug ist überzeugt: An einer Universität gehören Lehre und Forschung zusammen. Doch hat er das Dilemma eingesehen: Der Diplomstudiengang Psychologie

soll eine breite berufliche Qualifikation vermitteln, während psychologische Forschung ihre Qualität durch Spezialisierung erhält. So kann Lehre nicht auf die eigenen Forschungsthemen beschränkt bleiben. Gleichwohl muß akademische Lehre auf eigener Forschungserfahrung beruhen, um das erforderliche Maß an Kritik- und Erneuerungsfähigkeit zu erreichen.

Die empirische Forschung hat Wolfgang Schönpflug seit seinen Studienarbeiten begleitet. Ein Teil seiner Untersuchungen sind in Anwendungsfeldern entstanden, der größere Teil im psychologischen Laboratorium. Die Themen der Untersuchungen stammen vor allem aus den Gebieten des Gedächtnisses, des Handelns und der psychischen Belastung. Zahlreiche Studierende und Mitarbeiter waren an diesen Forschungsprojekten beteiligt. Die Grundaustattung für die Projekte wurde von den Universitäten zur Verfügung gestellt; zusätzliche Mittel kamen von der Deutschen Forschungsgemeinschaft, dem Umweltbundesamt und von Industriefirmen. Über die wichtigsten Ergebnisse sind Berichte in Monographien und Fachzeitschriften veröffentlicht.

Allgemeine Psychologie als Metatheorie des Faches Psychologie zu betreiben, ist ein Anliegen, das Wolfgang Schönpflug zunehmend beschäftigt. Seine bevorzugte Methode, der Struktur, den Besonderheiten und manchen Absonderlichkeiten der Psychologie auf die Spur zu kommen, ist die historische. So findet man von ihm Aufsätze über die Psychologie als Fortsetzung der Popularphilosophie des 18. Jahrhunderts sowie über die Psychologie als spezifische Erscheinungsform der Moderne. Unter seinen Studierenden kursieren vorläufige Fassungen von Kapiteln für ein neues Lehrbuch, das den Titel „Geschichte und Systematik der Psychologie“ tragen soll.

Prof. Dr. Wolfgang Schönpflug
Institut für Psychologie
der FU Berlin, FB 12
Habelschwerdter Allee 45
14195 Berlin

Rainer K. Silbereisen

Rainer K. Silbereisen ist Inhaber des Lehrstuhls für Entwicklungspsychologie der Friedrich-Schiller-Universität Jena sowie Honorarprofessor für Human Development and Family Studies an der Pennsylvania State University, USA, wo er zuletzt als Professor arbeitete. Davor war er Professor an der Justus-Liebig-Universität Gießen sowie der Technischen Universität Berlin.
Sein Interessengebiet ist die Entwicklung über die Lebensspanne, insbesondere die Persönlichkeitsentwicklung im Jugend- und frühen Erwachsenenalter. In diesem Zusammenhang führt er mit seiner Forschungsgruppe seit vielen Jahren Längsschnittstudien zu Themen wie Problemverhalten Jugendlicher, Auswirkungen früher Belastungen auf das Tempo psychosozialer Übergänge, Jugendentwicklung unter Bedingungen gesellschaftlicher Transformation, Akkulturation von Immigranten sowie biopsychologische Fragen der Jugendentwicklung durch. Die häufig kulturvergleichenden Studien wurden von deutschen und internationalen Institutionen der Forschungsförderung unterstützt.
In den letzten Jahren stehen umfangreiche Längsschnittstudien zum Vergleich der Jugendentwicklung vor und nach der Vereinigung Deutschlands im Vordergrund. So-

zialer Wandel wird dabei über die Neuanpassungen des Familiensystems angesichts ungewohnter Bedrohungen und Chancen verstanden, welche ihrerseits die Beziehungen unter den Eltern und zu den Kindern beeinflussen. Dies wiederum greift in die Entwicklung der Kinder und Jugendlichen ein, beispielsweise über geringere Zuwendung oder unzeitige Anforderungen und Freiheiten. Geachtet wird in den Studien nicht nur auf das Was des Verhaltens, etwa soziale Kompetenz oder Fehlanpassung, sondern auch das Wann, denn viele jugendliche Probleme sind es eher dem Zeitpunkt denn ihrer Art wegen. Die Forschungen insgesamt zeichnen sich durch ein biopsychosoziales Format aus, was in der Zukunft noch gestärkt werden soll. Beispielsweise wird eine Brücke geschlagen von endokrinologischen Prozessen, welche die Pubertät steuern, zu geänderten innerfamiliären Beziehungen und späteren Anpassungsproblemen wie Drogengebrauch oder Depression.

Rainer Silbereisen ist gegenwärtig Herausgeber des International Journal of Behavioral Development sowie Mitherausgeber von Developmental Psychopathology, Berater verschiedener Wissenschaftsstiftungen, war Generalsekretär der International Society for the Study of Behavioral Development und dient der Psychologie unter anderem als Fachgutachter der Deutschen Forschungsgemeinschaft und als Mitglied des Kuratoriums der Gesellschaft Sozialwissenschaftlicher Infrastruktureinrichtungen. Seine wissenschaftlichen Arbeiten fanden vielfältige Anerkennung, so durch die Wahl als Mitglied der Europäischen Akademie der Wissenschaften (Academia Europaea, London) und der Akademie gemeinnütziger Wissenschaften (Erfurt).

Sein besonderes Interesse an der Förderung des wissenschaftlichen Nachwuchses zeigt sich an einem seit Jahren laufenden stiftungsfinanzierten Programm zur Unterstützung von Doktoranden und Jungwissenschaftlern aus Ländern der Dritten Welt und Osteuropas. Damals – noch in Berlin – hat er das erste überregionale Doktorandenprogramm in Entwicklungspsychologie zusammen mit Kollegen weiterer Institutionen betreut. Mit der Pennsylvania State University besteht ein aktives Austauschprogramm für Mitarbeiter und Studenten. Darüber hinaus hat er sich um nicht-traditionelle Lehrformen bemüht, beispielsweise Projektveranstaltungen über reale soziale Probleme oder mehrwöchige Exkursionen für Studierende nach Übersee.

Prof. Dr. Rainer K. Silbereisen
Friedrich-Schiller-Universität Jena
Institut für Psychologie
Lehrstuhl für Entwicklungspsychologie
Am Steiger 3
07743 Jena

Franz Emanuel Weinert

Nach Ablegung der 1. und 2. Prüfung für das Lehramt an Volksschulen war Franz Emanuel Weinert von 1953 bis 1959 als Lehrer tätig. Zur gleichen Zeit studierte er Psychologie, erwarb 1955 das Diplom in diesem Fach und wurde 1957 zum Dr. phil. promoviert. Nach Assistentenjahren bei Professor Hans Thomae an der Universität Bonn erfolgte 1966 die Habilitation für das Fach Psy-

chologie. Von 1967 bis 1968 war er Professor für Psychologie an der Pädagogischen Hochschule Bamberg und von 1968 bis 1981 lehrte und forschte F. E. Weinert als Direktor des Psychologischen Instituts der Universität Heidelberg. Während dieser Zeit lehnte er Rufe an die Universitäten Graz, Hamburg und Trier ab. 1981 wechselte er als wissenschaftliches Mitglied und Direktor an das Max-Planck-Institut für psychologische Forschung nach München. Seit dieser Zeit ist er auch Honorarprofessor an den Universitäten Heidelberg und München.
Franz E. Weinert war von 1984 bis 1986 Präsident der Deutschen Gesellschaft für Psychologie, von 1980 bis 1986 Vizepräsident der Deutschen Forschungsgemeinschaft und ist seit 1990 Vizepräsident der Max Planck Gesellschaft zur Förderung der Wissenschaften. Der Bayerischen Akademie der Wissenschaften, der Royal Norwegian Society of Sciences and Letters und der Academia Europaea gehört er als Mitglied an.
Die Hauptarbeitsgebiete von Franz E. Weinert liegen im Bereich des menschlichen Lernens, der kognitiven Entwicklung im Kindes- und Erwachsenenalter sowie der Beeinflussung dieser Entwicklung durch die Schule. Über diese Forschungsarbeiten liegen zahlreiche Buch- und Zeitschriftenveröffentlichungen vor.

Prof. Dr. Franz Emanuel Weinert
Max-Planck-Institut für psychologische Forschung
Leopoldstr. 24
80802 München

Hans-Ulrich Wittchen

Hans-Ulrich Wittchen ist Honorar-Professor für Klinische Psychologie an der Ludwig-Maximilian-Universität in München sowie Leiter der AG Klinische Psychologie und Epidemiologie am Klinischen Institut des Max-Planck-Instituts für Psychiatrie. Seine Forschungsschwerpunkte liegen seit vielen Jahren im Bereich der Diagnostik und ätiologisch orientierten Verlaufsforschung psychischer Störungen sowie der Evaluation verhaltenstherapeutischer Interventionen. Seine wichtigsten Forschungsarbeiten betreffen Vulnerabilitäts-Streß-Modelle bei Angst- und depressiven Störungen.
Nach dem Studium der Medizin und Psychologie in Wien, einem kurzen „Gastspiel" am Zentralinstitut für Seelische Gesundheit in Mannheim leitete er über viele Jahre die Arbeitsgruppe Klinische Psychologie und Evaluationsforschung am Max-Planck-Institut für Psychiatrie – unterbrochen von mehreren längeren Forschungsaufenthalten am National Institute for Mental Health in den USA sowie der Weltgesundheitsorganisation WHO in Genf. Von 1985 bis 1990 leitete er als Fachvertreter die Klinische Psychologie an der Universität Mannheim, ehe er als Leiter der Klinischen Psychologie 1991 in das umstrukturierte Max-Planck-Institut für Psychiatrie nach München zurückkehrte.
Sein derzeitiger Arbeitsschwerpunkt ist die Erforschung früher Entwicklungsbedingungen von psychischen Störungen sowie die Entwicklung von Therapiemanualen und psychoedukativen Programmen.
Hans-Ulrich Wittchen ist Mitgründer und Herausgeber der Zeitschrift Verhaltenstherapie – Forschung, Praxis,

Perspektiven, Mitherausgeber verschiedener anderer Zeitschriften (Diagostika, International Journal of Methods in Psychiatry) und Bücher (z.B. DSM-III-R, DSM-IV, Großes Handbuch der Seelischen Gesundheit) und Autor von mehr als 150 Beiträgen in peer review Journals.

Prof. Dr. Hans-Ulrich Wittchen
Max-Planck-Institut für Psychiatrie
Kraepelinstraße 10
80804 München